AF199880

Dietrich Grund

Kirche und Gemeinde

St. Johannes in Taufkirchen

Herstellung und Verlag: BoD - Books on Demand, Norderstedt
ISBN 978-3-7504-9654-5

Der Autor

Dietrich Grund

Heimatforscher Taufkirchen

grund.d@arcor.de

Bisher vom Autor im gleichen Verlag erschienen:

„Der Hachinger Bach, Seine Entstehung – seine Menschen – seine Mühlen" (ISBN 978-3-7347-3106-8), „Hilprant und die Familie der Taufkircher" (978-3-7386-5482-0) und „Kleine Chronik von Taufkirchen" (978-3-7431-1725-9).

Grußwort von Heimatpfleger Michael Müller

Über viele Jahrhunderte stellte die katholische Pfarrkirche St. Johannes der Täufer so etwas wie den geistigen Mittelpunkt der Gemeinde Taufkirchen dar. Im aktuellen Logo der Kommune versinnbildlicht der stilisierte Kirchturm genau dies.

Der Autor dieser vor Ihnen liegenden Publikation, Dietrich Grund, erforscht seit Jahren im besten Wortsinn die Geschichte unserer Gemeinde und der umliegenden Region. Akribisch in der Recherche, in großen Zusammenhängen denkend und gleichzeitig im Detail auf den Punkt kommend, nimmt er uns Leser immer wieder mit auf eine spannende Zeitreise.

In diesem Werk spannt er den Bogen über die Historie der Dorfkirche und deren Pfarrgemeinde, die wechselnden Lehensherren und Träger, eingebunden in die Entwicklung der weltlichen Gemeinde. Dieser Bogen reicht vom frühen Mittelalter bis in die Gegenwart. In der Frühzeit der Christianisierung Bayerns wurde - zunächst aus Holz - die bischöfliche Taufkirche am Bach für das gesamte Hachinger Tal errichtet. Im 12. Jahrhundert entstand das steinerne Gebäude als sogenannte Chorturmkirche, dessen Turm erst im 14. Jahrhundert vollendet wurde. Die Pfarrgemeinde war zunächst selbstständig, bis die Kirche für viele Jahrhunderte als Filiale dem Gotteshaus in Oberhaching unterstand und erst 1909 wieder eigenständig wurde.

Der Autor nimmt uns mit bis in die Gegenwart, in der ein inzwischen gebildeter Pfarrverband angesichts der Herausforderungen von knapper werdenden Finanzmitteln, Priestermangel und Kirchenaustritten einen erfolgversprechenden Weg in die Zukunft finden muss.

Diese Publikation von Dietrich Grund vermittelt in gelungener Weise einen erhellenden Einblick in die bewegte Geschichte unserer katholischen Pfarrkirche und unserer Gemeinde. Der gut lesbaren Lektüre wünsche ich eine weite Verbreitung und viele interessierte Leserinnen und Leser.

Mit freundlichen Grüßen
Michael Müller Heimatpfleger

Grußwort von Pfarrer Thomas Kratochvil

„Nicht du trägst, die Wurzel, die Wurzel trägt dich." So schreibt der Heilige Apostel Paulus an die Gemeinde in Rom (Röm 11,18). Damals ging es um die Frage, wie sich der „neue Weg" des Christentums zu dem „alten Weg" des Judentums verhalten solle. Die Menschen waren von Fragen bewegt: Wie soll man das Neue leben, wenn man auf Christus getauft ist? Alles „Alte" wegwerfen? Verachten? Bekämpfen? Gehört man denn jetzt als Christ zu den Besseren, den Richtigeren? Kann man alles vergessen, was an Glaubenswissen und Glaubenspraxis aus dem Volk Israel überliefert ist? Paulus wirbt mit seinem Wort darum, das „Alte" als Wurzel des „Neuen" zu begreifen und damit als festen Grund auch für den eigenen Glauben.

Tatsächlich glauben wir als Christen an einen Gott, der mit uns Menschen mitgeht. Der unser Leben teilen will und uns begleitet. Der Evangelist Matthäus nennt ihn den „Immanuel", das heißt übersetzt, den „Gott mit uns". Wir glauben, dass Gott in Jesus Christus selbst Mensch geworden ist und in die Geschichte von uns Menschen in neuer und zuvor nicht gekannter Weise eingetreten ist, um so auch selbst Teil der Geschichte zu werden. Schon im ersten Jahrhundert unserer Zeitrechnung hat der Glaube an Jesus Christus den gesamten Mittelmeerraum erreicht und sich auch in den folgenden Jahrhunderten rasch weiter ausgebreitet. Auch in unserer Gegend finden sich sehr frühe Zeugnisse christlichen Glaubens, vor allem auch in Gräbern, die auf ein christliches Begräbnis hindeuten.

Mit der ihm eigenen Akribie und Hartnäckigkeit ist Diplom-Ingenieur Dietrich Grund aus Taufkirchen allen Spuren und Zeugnissen des Glaubens rund um die Geschichte unserer Pfarrkirche St. Johannes der Täufer nachgegangen. Seine Recherche hat facetten- und kenntnisreich viele Details der Geschichte des Glaubens in Taufkirchen und Umgebung von den Anfängen bis in die Gegenwart zu Tage gefördert. Auch über die Baugeschichte unserer Pfarrkirche St. Johannes kann man hier sehr viel erfahren. Die Ergebnisse seiner Arbeit liegen nun für jedermann zugänglich in dieser Publikation vor. Ich selbst habe sie als noch immer „neuer" Pfarrer in Taufkirchen mit höchstem Interesse gelesen. „Nicht Du trägst die Wurzel, die Wurzel trägt dich". Mögen dieser Publikation zahlreiche Leser und Leserinnen beschieden sein. Und möge die Kenntnis der Geschichte des christlichen Glaubens am Ort auch Menschen ermutigen, sich heute neu auf die Suche zu machen, nach dem Gott, der zu uns in Jesus Christus segnen und unseren Lebensweg begleiten möchte.

Als Pfarrer am Ort möchte ich Herrn Dietrich Grund für seine Arbeit danken! Ihm und seiner Familie wünsche ich alles Gute und Gottes Segen, seiner Publikation zahlreiche interessierte Leser und dem Glauben am Ort eine gute Zukunft!

Taufkirchen, den 15.8.2020, dem Fest „Maria Himmelfahrt"
Pfarrer Thomas Kratochvil

Inhaltsverzeichnis

Einleitung

Taufkirchen muss seit 50 Jahren mit einer Zweiteilung zurecht-kommen: Hier der neue Ortsteil am Wald mit seiner Reihen- und Hochhausbebauung, dort das „Dorf" mit der alten Kirche umgeben von historischen und auch neuen Gebäuden. Im aktuellen Logo der Gemeinde symbolisieren daher auch ein Hochhaus und die Kirche St. Johannes am Bach den Ort.

Ohne Zweifel ist eine gefühlsmäßige Identifikation mit dem ehrwürdigen, wohlgestalteten Gotteshaus sehr viel leichter möglich als mit einem Hochhaus. Es lohnt sich daher einmal Bekanntes und Unbekanntes über dieses ideelle Zentrum Taufkirchens ausführlich darzustellen. Man möge dem protestantisch sozialisierten Autor seine Kühnheit verzeihen, beim Versuch, die Geschichte von Kirche und Pfarrei St. Johannes der Täufer richtig und unverfälscht wiedergeben zu wollen.

St. Johannes der Täufer

Johann Baptist & Johann Evangelist

Bei einer Taufkirche liegt es nahe, sie dem Schutz Johannes des Täufers zu unterstellen. Es unterliegt keinem Zweifel, dass der Heilige Johannes ebenso wie Jesus historische Persönlichkeiten waren. Wie aber war ihr Verhältnis zueinander? Johannes predigte am Jordan und rief seine Zuhörer zur Buße auf. Sein Name leitet sich von hebräisch Jochanan ab, was „Jehova hat sich erbarmt" bedeutet. Er hatte im Griechischen die Form „Ioannes o Baptistes" im Lateinischen „Ioannes Baptista".

Der älteste, kürzeste und möglicherweise authentischste Bericht des Neuen Testaments, das Evangelium von Markus (entstanden um das Jahr 70), erzählt (Mk. 1/9)[1]: „Es geschah in jenen Tagen, da kam Jesus aus Nazareth in Galiläa und ließ sich von Johannes im Jordan taufen." Für diesen „Kurzbericht", so heißt es: „gibt es nur eine historisch plausible Erklärung: Jesus hat die Botschaft des Täufers akzeptiert und sich der von Johannes initiierten Umkehrbewegung angeschlossen." [2]

Der Bericht von der Geburt des Johannes, die Lukas in sein Evangelium einfügt (Lk. 1,57), hat literarischen Charakter.

---

[1]Zitate nach der Einheitsübers. 2016 des Katholischen Bibelwerkes
[2]www.bibelstudium.kaththeol.uni-muenchen.de

Die Taufe Jesu, 20. Jahrhundert, Erwerbung aus Hindelang

Sie entspricht „einem eingeführten, festen Erzählschema, das die Geburt bedeutender Kinder von betagten Eltern zum Inhalt hat."[3] Die Verhaftung und Tötung des Johannes durch König Herodes Antipas ist wohl tatsächlich geschehen. Die Erzählung vom Tanz des Mädchens vor Herodes und die Überreichung des Kopfes des Täufers ist aber eine dramatische, literarische Fiktion. Die Ermordung des Täufers geschah wohl, da Herodes in dessen Wirken (ähnlich wie beim Prozess gegen Jesus) eine politische Provokation und Rebellion gesehen hat.[4]

Im Johannesevangelium heißt es, dass Jesus und Johannes gleichzeitig predigten (Joh. 3,23). Bei Markus (Mk. 1,14) lesen wir dann: „Nachdem Johannes ausgeliefert worden war, ging Jesus nach Galiläa, er verkündete das Evangelium Gottes." Jesus tritt also nach der Verhaftung und Ausschaltung des Johannes aus dessen Schatten heraus und beginnt seinen Weg der Predigt und der Verkündigung. Um die Zeit der Sommersonnenwende, am 24. Juli, wird in der katholischen Kirche das Hochfest der Geburt des Johannes gefeiert.

 In Taufkirchen feierte man jährlich das Fest des Kirchenpatrons mit Gottesdienst, Marktständen bei der Kirche und Feiern auf den Bauernhöfen. Dorthin wurden in guten Zeiten

---

[3]www.bibelwissenschaften.de
[4]Vgl. Joel Carmichael, Leben und Tod des Jesus von Nazareth, Fischer
  Bücherei, Hamburg 1968

Freunde und Verwandte eingeladen und üppigst mit Wurst, Fleisch, Bier, Wein, Likör, Kaffee & Krapfen bewirtet.[5] Rund um das Heimatmuseum Wolfschneiderhof wird jährlich die Johannidult wieder ausgiebig gefeiert.

Der Abstand vom sommerlichen Johannisfest zum Wiegenfest vom Jesus am 25. Dezember bzw. zum Vorabend, dem 24. Dezember, beträgt sechs Monate.

Und zwar weil Lukas berichtet, dass Elisabet, die Mutter des Johannes, „im sechsten Monat war", als der Engel der Jungfrau Maria ihre Schwangerschaft angekündigt habe. (Nach jüdischer Tradition beginnen die Festtage bereits am Vortag.)

Jesu Geburtstag hatte man 381 beim Konzil von Konstantinopel auf den Tag der Wintersonnenwende festgelegt. Allerdings nicht auf den 21. Dezember sondern auf den 25. dieses Monats, an dem die Römer ihren Staatsgott, den sol invictus (unbesiegter Sonnengott) gefeiert hatten. Bereits vor 12.000 Jahren hatten die Menschen in Mesopotamien mit der Einführung der Landwirtschaft begonnen, den kürzesten Tag des Jahres als Tag des Sterbens und des Wiedererwachens der Sonne festlich zu begehen. Es war daher naheliegend auch Weihnachten zu diesem Zeitpunkt zu feiern, da Jesus ebenfalls gestorben und wieder

---

[5]Vgl. Bericht der Münchner Vorort-Zeitung vom 25.6.1906

auferstanden war.[6] Während des ersten Kreuzzuges entstand im Jahr 1099 der „Orden vom Spital des Heiligen Johannes zu Jerusalem" (Johanniterorden) in einem Pilgerkrankenhaus, das bereits 1048 existierte und Johannes dem Täufer geweiht war.

Johann Täufer & Johann Evangelist vom Hochaltar, um 1520

Nach dem Ende des Kreuzritterstaates verlegte der Orden nach etlichen Zwischenstationen 1530 seinen Sitz nach Malta. Daher trägt er heute in der Kurzform den Namen Souveräner Malteserorden. 1538 entstand der evangelische Johanniterorden. Aus

---

[6]Vgl. Gerald Huber, 12000 Jahre Weihnachten. Ursprünge eines Festes, Volk Verlag München 2019

den Gemeinschaften erwuchsen die Sozialverbände der Malteser und der Johanniter.

Als die Jesuiten Hofmarksherren in Taufkirchen waren, führten sie für die Dorfkirche und deren barockem Bildprogramm das zusätzliche Patrozinium des Johann Evangelist ein.[7] Die kirchliche Tradition sieht in ihm den Lieblingsjünger Jesu und den Verfasser des Evangeliums, das seinen Namen trägt, sowie der Offenbarung und der drei Johannesbriefe.

Im Johannesevangelium, dem jüngsten der kanonischen Texte, entstanden um das Jahr 100, heißt es als Predigt für die entstehende Christengemeinde über den Täufer: „Johannes legt Zeugnis für ihn ab und ruft: Dieser war es, über den ich gesagt habe: Er, der nach mir kommt, ist mir voraus, weil er vor mir war ... Denn das Gesetz wurde durch Mose gegeben, die Gnade und die Wahrheit kamen durch Jesus Christus … Der Einzige, der Gott ist und am Herzen des Vaters ruht, er hat Kunde gebracht (Joh. 1,15 ff).“

Das kirchliche Fest für den Apostel Johannes wird am 27. Dezember begangen, also am Tag nach dem Stephanitag, dem

---

[7] Karl Hobmair, Hachinger Heimatbuch, Eigenverlag Kath. Pfarramt Oberhaching 1979, (im Folgenden: HH). S. 189, Johann Wenk, Geschichtliche Notizen über die Pfarrei Taufkirchen bei München, Hohenbrunn 1943, als Handschrift überliefert, (im Folgenden: Wenk), S. 62-64 u. S. 79

zweiten Weihnachtsfeiertag. Es heißt dieser Tag: „galt zwar in bäuerlichen Gegenden bereits wieder als Werktag, dennoch nahm man sich Zeit für alle möglichen Feiervergnügen. Im Mittelpunkt stand dabei der junge Wein, der Heurige. Den brachte man in die Kirche, wo er als Johannisminne gesegnet wurde, danach kredenzte man ihn Nachbarn und Freunden.

Der Brauch des Minnetrinkens ist ein letzter Rest vom antiken Christentum in Bayern: In der griechischen Ostkirche war die sogenannte Agape üblich, ein fröhliches Beisammensein nach der Messe (griechisch: agape = Liebe; auch Minne)“[8].

Der verstorbene Heimatpfleger Seebauer erzählte gern aus Kindertagen, dass seine Tante ihn ein Gläschen süßen Johanniswein trinken ließ, wobei er aufsagen musste: „Ich trinke die Liebe des Heiligen Johannes“.

Die Namen des „Sommerhannes“ und des „Winterhannes“ sind in Bayern als männliche Vornamen in Form von Johann oder Hans weit verbreitet (Die weibliche Form lautet Johanna oder Hanna). In Taufkirchen und anderswo in Bayern war es früher Sitte, dass die Bauern ihren Erstgeborenen Johann nannten.

---

[8]Gerhard Huber, wie oben

Ignatius von Loyola (1491-1556) vom Hochaltar

Das frühe Mittelalter

In den ersten 500 Jahren christlicher Zeitrechnung gehörte Südbayern zum Römischen Reich. In jener Zeit bestand mit Sicherheit ein (archäologisch bisher nicht nachweisbarer) Verbindungsweg zu den Reichsstraßen, die bei Grünwald und Oberföhring die Isar querten. Er folgte im Süden beidseitig dem Verlauf des Hachinger Baches bis zum heutigen Perlach und verlief von dort wohl schnurgerade nach Norden.[9] Er war in ähnlicher Weise wohl schon in keltischer Zeit vorhanden. Der Weg verband Bauerngüter (villae rusticae) und kleine Siedlungen, die sich perlengleich aneinanderreihten.

In Unterhaching fand man 2004 einen Reihengräberfriedhof, auf welchem eine neunköpfige, vornehme Familie um 500 beigesetzt worden war. Einige Formen ihrer überaus edlen Schmuckstücke (mit Steinen und Seidenresten aus Asien) weisen sie als Christen aus. Im Jahr 536 wurde das Voralpenland in das aufstrebende, katholisch gewordene Reich der Frankens eingegliedert. Aus Einheimischen und Zugewanderten formierte sich der Stamm der Bajuwaren. Die fränkischen Könige

---

[9]Vgl. die Zeichnung in Dietrich Grund, Andreas Huber, Der Hachinger Bach [...], Books on Demand, Norderstedt, 2014, S. 31. Im Kat. der Ausstellung Karfunkelstein und Seide der Archäolog. Staatssamml. Mü., 2010, ist ein etwas anderer Trassenverlauf angegeben.

setzten 550 Herzog Garibald aus dem vornehmen Geschlecht der Agilolfinger hier als Militärgouverneur ein. In Föhring und Helfendorf entstanden Herzogspfalzen. Das Hachinger Tal wurde Herzogsland, wurde „Fiskus Haching"[10]. Die Bauern rodeten zusätzlichen Wald für ihre Herren und dörfliche Siedlungen entwickelten sich.

In Taufkirchen wurden zahlreiche Zeugnisse aus der Bajuwarenzeit im Boden entdeckt. Fundorte befanden sich in Bahnhofsnähe, südlich des Stadions und nördlich der Kirche, konzentriert aber oberhalb der Hangkante an der Hochstraße in Potzham.

Um 600 baute man in Aschheim (dem Ort der ersten bayerischen Synode von 756) eine hölzerne Kirche. Zwischen 650 und 700 wurden auch in Potzham einige Christen in Reihengräbern bestattet. Unter dem hl. Bonifatius gelang es 739 mit Zustimmung von Papst und Herzog die erste kirchliche Organisation in Bayern mit den Bischofssitzen in Salzburg, Passau, Regensburg und Freising zu etablieren, die dann 798 unter Karl dem Großen in die Ausrufung einer festen Kirchenprovinz Baiern mündete. In den folgenden fünf Jahrzehnten wurden hierzu-

---

[10]Gertrud Diepolder, Das Hachinger Tal – Fiskus Haching [...] in Bayerische Vorgeschichtsblätter, München 2010, S. 179

lande nicht nur 50 Klöster „geradezu aus dem Boden gestampft" (Störmer) sondern auch Dutzende von Kirchen errichtet. Kirchen und Klöster wurden überwiegend von Adeligen gegründet „um ewigen Lohn zu empfangen." „Bajuwarischem Brauch entsprechend hat der Grundherr seine Kirche erbaut und dort einen Geistlichen aufgestellt, meist einen seiner Söhne oder Neffen. Er übernahm auch den Unterhalt für Priester und Kirche".[11] Es heißt: „Die ersten Bischöfe jedes Bistums erhielten von Seiten der Herzöge und seiner Leute aus Fiskalbesitz eine gewisse Grundausstattung von Kirchen mit dazugehörigem Besitz an Land und Menschen."[12] In diesem Rahmen entstanden um 740 die Kirche St. Stephan in Oberhaching und die ecclesia baptismalis St. Johannis in Taufkirchen als bischöfliche Taufkirchen. Letztere ist nach Mayer und Westermayer „die eigentliche Mutterkirche der ganzen Gegend am Hachinger Bach." Die Johanneskirche war von Anfang an auch für die Leute aus Potzham, Bergham, Winning und Westerham „ihr" Gotteshaus. Wobei vermutet wird, dass diese Orte in der Zeit Karls des Großen um 800 in einem Akt systematischer Namensgebung bereits ihre endgültigen Ortsbezeichnungen er-

---

[11]HH, S. 83
[12]Helmuth Stahleder, Bischöfliche und adelige Eigenkirchen (…) in Obb. Archiv, 104. Band, München 1979, S. 183

24

hielten: Potzham abgeleitet von der Familie des Pozzo, Bergham wegen der erhöhten Lage, Winning infolge der Ansiedlung
von „Wenden" (= Slawen), Westerham wegen der Lage westlich vom Bach. Um 800 existierten schon Kirchen oder Kapel-
len in Kreuzpullach, Oberbiberg, Laufzorn und Unterbiberg
(„Eine an Tegernsee geschenkte, ursprünglich königliche Eigenkirche"[13]). Von Pötting heißt es, es sei von Oberhaching aus
gegründet worden (von den Leuten des Petto). 806 taucht in
den Dokumenten erstmals „Haching" auf, als Abt Petto seinem
Kloster Schäftlarn Güter übergab, die er hier besaß. Es ist ver-
führerisch, Petto als Namensgeber von Pötting anzusehen, die
Historikerin Gertrud Diepolder aus Oberhaching erklärte jedoch, dass der Hofname älteren Datums sei. Im 14. Jahrhundert
gab es dort eine hofeigene Kapelle.

---

[13]Wilhelm Störmer in Hermann Rumschöttel (Hg.), Neubiberg –
Unterbiberg, Neubiberg 2010, S. 85

Das hohe Mittelalter

Der Freisinger Bischof Nithker (1039-52) übergab während seiner Amtszeit vier seiner Kirchen an das 1020 aus einem Kloster hervorgegangene Chorherrenstift St. Veit in Weihenstephan bei Freising. 1052 unterzeichnete Kaiser Heinrich III ein Dokument, in welchem St. Veit feierlich der Besitz von vier Kirchen bestätigt wurde. Darunter war eine Kirche in Haching. Erst 1999 stellte die Historikerin Gertrud Diepolder aus Oberhaching fest, dass es sich dabei um St. Johannes in Taufkirchen handelte. Zu der Kirche gehörten drei Höfe, darunter die Bachmühle einschließlich deren leibeigenen Bauern. „Die kaiserliche Bestätigung, die er [der Bischof] kurz vor seinen Tod erwirkte, muss notwendig gewesen sein, weil die Kirchen einst auf Fiskalgut [Besitz des Landesherrn] gegründet wurden." Taufkirchen war (nach Diepolder) bis 1140 oder 1180 eine selbständige Pfarrei mit Reichnissen (Abgaben) an den Bischof und wurde dann Filiale von St. Stephan in Oberhaching.[14] Aber „noch 1617 fanden die Pfarrgottesdienste an allen Hauptfesten des Jahres in Taufkirchen statt."[15]

---

[14]Gertrud Diepolder, Die Anfänge von Haching […], in Lebendige Heimat Oberhaching, Gem. Oberhaching 1999, S. 317
[15]Stahleder s. o. Obb. Archiv, 105. Bd. S. 51

Steffan Ebersberger, Johann Baptist, Taufkirchen, 1593

Aus dem Zeitraum 1148-1156 stammt ein Dokument, welches berichtet, dass die Frau Judita von Tovfkirchen mit Zustimmung ihres Sohnes Heinrico ihr Töchterchen dem Kloster Weihenstephan übergeben und für deren Unterhalt einen Hof in Touvkirchen bestimmt hat. Diepolder hat keinen Zweifel, dass es sich bei diesem Ort um „unser" Taufkirchen handelt und betont: Judita sei zu „identifizieren mit der Dame Judita, die ca. 1140 ein Gut in Fürmosen bei Moosach an das Kloster Ebersberg gibt, denn sie tut das auf Bitten und mit Zustimmung Adalberonis barrochiani de Hechingen, des Pfarrers Adalbero von Haching, der also ihr Lehensherr oder der Senior der Familie gewesen sein dürfte."[16] Judita war verheiratet mit Heinrich von Hohenbrunn. Sie hatte wohl einen Hof von ihren Eltern geerbt, über den sie ohne ihren Mann, aber mit Zustimmung ihres Sohnes, verfügen konnte.

Um 1180 entstand eine Beschreibung der Einkünfte der Freisinger Bischofskirche aus den Abgaben seiner Bauernhöfe. „Nach dieser Quelle gibt die parrochia [Pfarrei] in Oberhaching das Drittel der Feldfrüchte, die parrochia in Niederhaching zwei Mastschweine, Gänse und Hühner [dem Bischof], Taufkirchen

---

[16] Aus dem 12. Jahrhundert gibt es auch erstmals Nachrichten von den Endelhausern aus Endelhausen (Kreis WOR), die lt. Johann Eckher von Kapfing später das gleiche Wappen wie die Taufkircher führten und mit ihnen „gleichen Stammes" gewesen seien, BSB Cgm 2268/5

gibt dem parrochus, also dem Pfarrer [in Oberhaching]." D. h. Taufkirchen ist jetzt Filiale der Kirche St. Stephan in Oberhaching und nicht mehr selbstständige Pfarrei. St. Stephan hat zu der Zeit offenbar erst zwei Nebenkirchen. 1315 gehören zu Oberhaching dann aber die Filialen Niederhaching, Taufkirchen, Arget, Laufzorn, Ödenpullach und Grünwald jeweils mit dem wichtigen Begräbnisrecht, sowie Lanzenhaar und Kirchstockach ohne diese Befugnis.

Bischof Albert II. (1349-1359) vergab 1356 die Pfarrei Oberhaching mit ihren Filialen (mit der Kirche St. Johannes aber ohne die Höfe) an das schon 1062 entstandene Chorherrenstift St. Andreas auf „seinem" Domberg. Die dortigen Chorherren (Weltpriester) arbeiteten u. A. in der „Slavenmission" in Kärnten.

Formal ist damit der Stiftsprior jetzt der Pfarrer und der Ortsgeistliche nur noch Pfarrvikar. Beispielsweise wurde Paul Nievergoldt 1433 eingesetzt als „perpetius Vicarius parochialis Ecclesiae Sancte Stephani Protomatyris in Hachingen", als ständiger Vikar der Kirche des Erzmärtyrers St. Stephan in Haching. Er verpflichte sich, die jährliche Absent von 28 Dukaten und die Steuern für die Pfarrei zu zahlen, den Pfarrhof zu pflegen und nichts daraus zu verkaufen. Erstaunlicherweise mischen sich 1415 die bayerischen Herzöge Ernst und

Wilhelm ein und erwirken, dass ihr Grünwalder Hofkaplan Syman die offenbar wichtige Pfarrstelle in Oberhaching erhält. 1300, oder ein, zwei Jahrzehnte davor, begann die Zeit, in der die Adelsfamilie, die man nach ihrem Besitz Taufkircher nannte, Herr über Taufkirchen und Westerham wurde. Es wird vermutet, dass das Geschlecht aus der Familie eines verdienten Ministralen des Klosters Tegernsee hervorgegangen sei, welches ihnen die beiden Dörfer verliehen hat.

Die meisten Lebensdaten haben wir von dem prominentesten Vertreter der Sippe, von Hilprant. Er erhielt als Einziger ein, an die Südseite der Kirche angelehntes, Hochgrab. Der steinerne Sarkophag war mit einer Sandsteinplatte abgedeckt, die Hilprant nach dem Zeitgeschmack in Ritterrüstung – als Soldat Christi - mit Lanzenfahne und Wappenschild zeigt. Von dem Grabmal ist lediglich die Deckplatte erhalten geblieben, die seit 1981 im Vorraum der Kirche St. Johannes als Epitaph aufrecht an der Wand befestigt ist. Bei der Verlegung des Epitaphs stellte sich heraus, dass die Oberflächenschichten von der Witterung stark angegriffen waren, so dass man es für notwendig ansah, vieles von der Steinsubstanz zu entfernen, sodass nur ein Torso übrig blieb. Die stark verwitterte Schrift auf der Platte wird wie folgt interpretiert:

„Anno domini MCCCLXXXI obiit Hilprand Tavfkircher prima feria V ante festum sancti Mathei apostuli et evangeliste", „im

Jahr des Herrn 1381 starb Hilprand Taufkircher am Donnerstag vor dem Fest des heiligen Apostels und Evangelisten Matthäus." 1385 heißt es (stark verkürzt) in einer Urkunde: „Ich Chunrad, der Techant und Pfarrer zu Häching tue kund, dass ich versprochen han, dem Herrn Cunraden, dem Taufkürcher zu Taufkürchen, eine ewige Wochenmess zu halten und nach der Mess zu meines lieben Herrn Hilprants des Tauffkürchers Grab zu gehen und ein Placebo zu sprechen."

Der Pfarrer erhält dafür die Nutzung von zwei Tagwerk (TW) „Grasgrundt in des Konrads Anger, die mit March und Marchstecken (beides Grenzzeichen) ausgezeichnet sind".

1426 ist für St. Johannes in Taufkirchen ein noch viel wichtigeres Datum: in jenem Jahr wird mit Zustimmung des Andreasstiftes in Freising von Pfarrer Syman, Georg Taufkircher und den Kirchpröbsten von Taufkirchen eine „Ewige Möss und Kaplaney" (Benefizium oder Widdum) gestiftet und mit Erträgen von zahlreichen Höfen der Taufkircher ausgestattet.

Für die Benefiziaten oder Frühmesser richtet man nördlich des Sedlhofes (Schredelhof) „ain Wesen vnd ain Behausung" ein. Das Widdum besteht aus „Hausstelle, Stadl, Badstübl und Backofen" dazu 1 TW Garten, 12,5 Joch Acker, 15 TW Wiese und Weide".

Der offenbar vermögende Hans Brunnthaler wird zum ersten Benefiziaten bestimmt. Er stiftet zum Benefizium noch einen Krautgarten in München. Zusammen mit seiner Schwester Kathrey Hättig überträgt er dem Kloster Tegernsee eine Hube in Brunnthal. Sie erhalten dafür eine Wiese „aus des Klosters

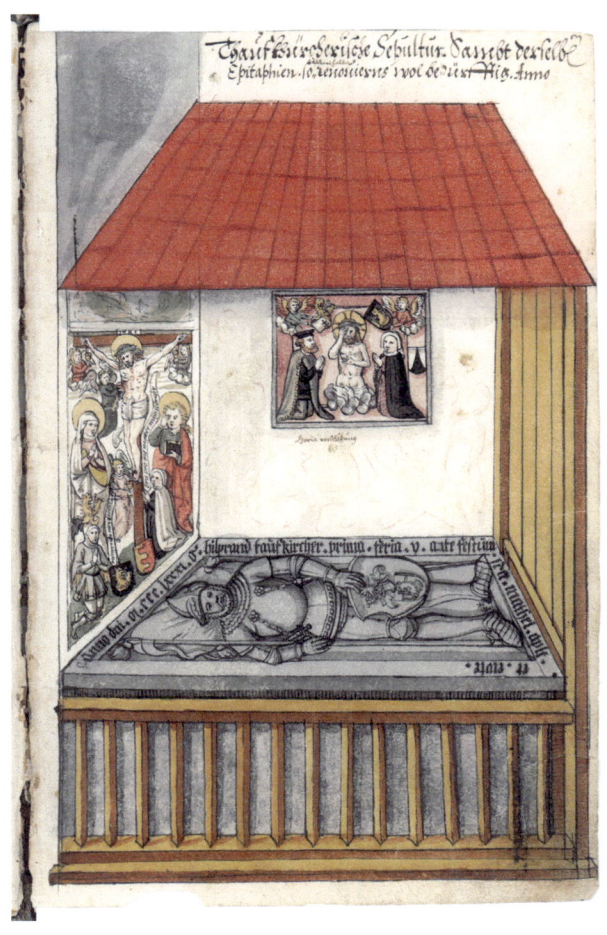

Steffan Ebersberger 1593, Hochgrab des Hilprant Taufkircher

eigenem Hof", genannt Gerhof. Die „Hättigin" erhält lebens-
lang das Nutzrecht am Gerhof.[17] Als weitere Benefiziaten im
ausgehenden Mittelalter werden genannt: Jörg Steppet (1467)
und Emmeran Kepser (1541-1549).

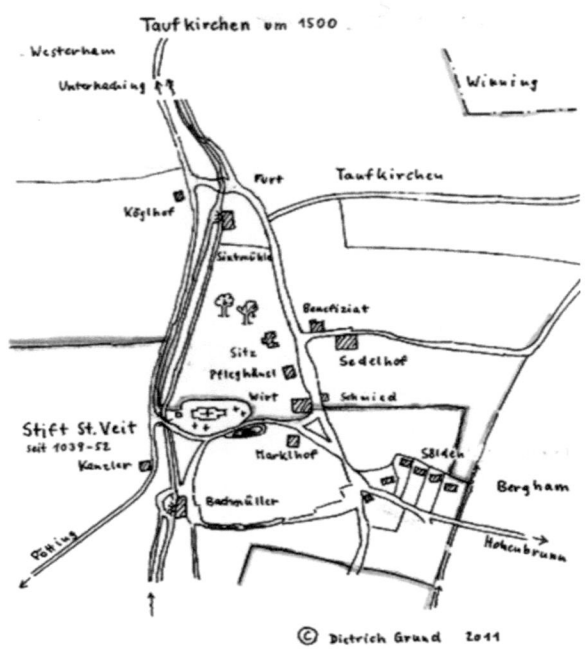

Taufkirchen um 1500

Die Taufkircher verstanden sich als Protektoren von St. Johannes. Daher stiftete Georg Taufkircher „derzeit Richter in Tegernsee" 1465 zum Heil seines seligen Bruders Hans und aller
Familienmitglieder den Geldwert des Grases des Mühlweges

---

[17]HH, S. 280

und Erträge aus dem Ölanger (Leinsamenfeld?). Sie dienten zur Beschaffung von Messwein und Öl für das Ewige Licht und die Beleuchtung der Kirche. Die Müller auf der familieneigenen Zaunmühle in Westerham müssen ebenfalls Öl für St. Johannes liefern. Der Pfarrer soll vom Müller jährlich ½ Gulden Münchner Pfennige, 6 Hühner und 100 Eier erhalten und dem Gesellpriester, der Benefiziat in Taufkirchen ist, vom Geldbetrag 40 Pfennige abgeben. Am Abend des Weißen Sonntags müssen der Pfarrer und der Gesellpriester in Taufkirchen ein Vigil halten, am Montag der Pfarrer ein Seelamt singen und der Kooperator eine Seelenmesse sprechen. Aus Luthers Thesenanschlag von 1517 entwickelte sich unbeabsichtigt die Reformation. Aufgrund der „vorreformatorischen Missstände" fand Martin Luther „gleich bei seinem ersten Auftreten (1517) in ganz Bayern starken Widerhall, [so dass] seine Schriften in München und Landshut nachgedruckt wurden". „In Altötting predigte der Gsellpriester Wolfgang Ruß gegen das Wallfahren; die Landshuter Hofkapläne wurden der Reihe nach lutherisch … Aber selbst an der Landesuniversität Ingolstadt regte sich die neue Lehre." Sie fand auch in Teilen der bayerischen Bevölkerung und besonders beim Landadel Beachtung und Anhängerschaft. Fünfundvierzig von 110 Adeligen sprachen sich auf dem Ingolstädter Landtag im Jahr 1563 für die „Augsburger Konfession" aus, das Kompromisspapier des Philipp Melanchton im

Religionsstreit.[18] Die gemeinsam regierenden Herzöge Wilhelm IV und Ludwig X wandten sich jedoch 1522 von der nahen Burg Grünwald aus entschieden gegen die neuen Ideen, anerkannten aber Reformbedarf. Diese „Grünwalder Konferenz" gilt als der Beginn der Gegenreformation. In München wurden danach etliche Protestanten und „Wiedertäufer" ausgewiesen oder hingerichtet. Aus dem hiesigen Tal wird nur berichtet, dass der Bauer Hans Plank aus Taufkirchen mit dem Bauernaufstand sympathisierte, der im Zuge der Reformdiskussion aufgekommen war und vielerorts tobte; er wurde bestraft und zum Widerruf verurteilt. In drei Sitzungsperioden erfolgte auf dem Konzil von Trient 1545-1563 eine Neuordnung der katholischen Kirche. Der Kanon der Glaubensregeln und -Pflichten wurden präzisiert. Beispielsweise wurde die Siebenzahl der Sakramente und der verpflichtende Zölibat verbindlich festgelegt. Dies wie viele Konzilsbeschlüsse bedeuteten eine Zementierung der Kirchenspaltung. So bestand die Versammlung darauf, dass auch die Kirche dem Sünder Gnade erweisen kann (Ablass) und dass neben der Bibel auch Entscheidungen von Konzilien und Päpsten quasi-göttliche Geltungskraft haben.

---

[18]Susanne Herleth-Kreutz, Zur Geschichte der Reformation im Landkreis Erding in Festschr. für A. Kraus, EOS St. Ottilien 1992, S.209

Kloster Tegernsee und andere Lehensherren

Die Idee, in Gemeinschaft ein der Welt abgewandtes und Gott zugewandtes Leben in Armut und Arbeit zu führen, stammt aus Ägypten. Der pensionierte römische Soldat Pachomius gründete um 320 hier ein Kloster.

Das war schon der Beginn der problematischen Spaltung in die zwei Wege, die es in dieser Härte nur in der Christenheit gibt: hier die bürgerliche, dort die asketische Richtung und daraus folgend: hier die Welt-Kirche, dort die abgeschiedenen Klöster.[19]

Der ehemalige römische Offizier Martin von Tours schuf 361 in der römischen Provinz Gallien das erste Kloster. Erst 380 wurde das Christentum Staatsreligion im Oströmischen und im Weströmischen Reich.

Die Frankenkönige erklärten Martin zum Schutzheiligen ihres Reiches. König Chlodwig (reg. 481-511) gilt als Begründer des

---

[19]Der renomierte Historiker Heinrich August Winkler postuliert jedoch, dass gerade der Dualismus Kirche-Welt die Entwicklung von Naturwissenschaft, Kunst und Aufklärung ermöglicht habe (Vgl. Werte und Mächte, Eine Geschichte der westlichen Welt, C. H. Beck. München 2019).

Frankenreiches. Schon er bediente sich der Bischöfe und Klöster als Stützen zum Ausbau seiner Länder. Daraus entwickelte sich bald der Streit um die „Investitur", die Einsetzung der Bischöfe, so auch auf der Synode in Aschheim im Jahr 756.

Der Engländer Bonifatius (um 672-754), der „Apostel der Deutschen", hatte 739 das für unser Gebiet zuständige Bistum Freising gegründet. Bischof Hitto von Freising rief 833 das Benediktinerkloster St. Veit ins Leben (es wurde 1020 in ein Stift von Säkularkanonikern, weltlichen Chorherren, verwandelt.)

756/757 gründen die wohlhabenden, adeligen Brüder Adalbert und Otkar das Kloster Tegernsee, das für das Hachinger Tal bedeutend werden sollte.[20] Sie hatten Beziehungen zu den vornehmsten Familien Bayerns. Sie besaßen Höfe in etwa zehn Orten zwischen Wolfratshausen und Perlach.

Bei der Platzwahl für ländliche Klöster achtete man im Mittelalter darauf, dass sie verkehrsgünstig aber ruhig an einem landschaftlich herausgehobenen Ort liegen und dass die Versorgung mit Lebensmitteln und Salz gut möglich ist.[21] So ist Tegernsee nur acht Kilometer von der südlichen Salzstraße (Abschnitt Miesbach - Holzkirchen - Weilheim) entfernt.

---

[20]Peter A. Cramer, Geschichte des Tegernseer Tales, Eigenverlag, Bad Wiessee 1991

[21]Joachim Jahn, Ducatus Baiuwariorum, Verlag Anton, Hiersemann, Stuttgart 1991

Neben der „Erstausstattung durch die Gründer erwarb Tegernsee schnell Besitz durch fromme Stiftungen und eigene Rodungen."[22] 817 ist die Abtei eines der bedeutendsten Klöster im Reich. Infolge der Zersplitterung des Frankenreiches nach dem Tod Karls des Großen und wegen dem Sittenverfall im Vatikan im 9. Jahrhundert konnte man sich auch hierorts der Abwendung vom Glauben und dem Klostersterben nicht widersetzen. Kaiser Otto II., unterstützt von seinem Namensvetter dem Bayernherzog Otto II., gründete 978 die Abtei als Reichskloster neu. Es entwickelte sich schnell wieder positiv und besaß bald beispielsweise eine vielgerühmte Mal- und Schreibschule.

Vor und nach der Unterbrechung stritten sich Bischöfe und Prälaten um die Vorrangstellung. So beklagte beispielsweise der Freisinger Bischof im Jahr 804, dass Tegernsee sechzehn Kirchen widerrechtlich ins Eigentum genommen habe. Nach Verhandlungen musste das Kloster die Gotteshäuser und deren Grundbesitz an Freising zurückgeben. 1041 gelang es andererseits Bischof Nitker (reg. 1039-1052) unter Vorwänden den Abt Ellinger abzusetzen, „um Tegernsee gänzlich seiner bischöflichen Gewalt zu unterwerfen."

1030 und 1060 listete Tegernsee die Besitzungen auf, die im 9. Jahrhundert in fremde Hände gekommen waren. In unserem

---

[22]Roland Götz, St. Quirinus Tegernsee, Verlag Schnell & Steiner, Regensburg 2009

Gebiet traf dies zu auf den „Heimgarten" bei Winning (Laut Diepolder ein germanischer Thingplatz) und auf „Haching", Gebiete, die nun die Welfenherzöge ihr eigen nannten.

Nach der Theorie des Verfassers könnte mit „Haching" der Teilbereich gemeint sein, der sich aus den Feldern von Taufkirchen und Westerham zusammensetzte und der damals vielleicht ein einziger Hof von 150 ha Größe gewesen sein könnte, später die Hofmark Taufkirchen-Westerham bildend.

Schon längere Zeit bevor der Welfenherzog Heinrich der Löwe 1180 seine Herrschaft über Bayern verlor, hat wahrscheinlich Tegernsee die o. g. Gebiete ganz oder teilweise wiedererlangt.

Denkbar wäre es, wenn Tegernsee die Taufkircher mit den wiedererlangten Taufkirchen und Westerham ausgestattet hätte. Das Kloster erhielt jedenfalls lange noch Anteile des Zehnten aus den Sedelhöfen, was eine enge Beziehung dorthin beweist.

Um 1150 ist ja mit der Damen Judita (s. oben) erstmals von einer Vertreterin der adeligen Taufkircher die Rede. Dann schweigen die Dokumente für rund 140 Jahre.

Im Jahr 1289 legten die Tegernseer Mönche das erste erhaltene Besitzverzeichnis (Urbar) an. Darin taucht dann eine Person mit der Abgabepflicht für eine Hofstelle auf[23], die die Mönche nur „mater taufkirchorum" (Mutter der Taufkircher) nannten. Könnte es sein, dass mit Judita, die mit Heinrich von Hohenbrunn verheiratet war, die Gründerfamilie bereits wieder ausgestorben war und Tegernsee mit der Mutter der Taufkircher und ihrem (unbekannten) Ehemann eine neue Familie mit Taufkirchen belehnte?

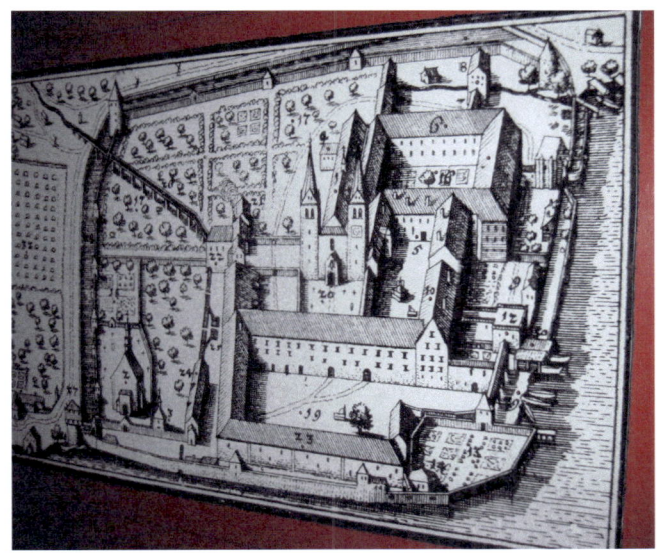

Matthäus Merian (1593-1650), Kloster Tegernsee 1644

---

[23] Wegen der Anordnung des Eintrages über die mater taufkirchorum nach den Höfen in Oberhaching und vor Furth vermutet Diepolder die Lage ihres Hofes in Oberhaching. Vielleicht hat aber der Schreiber sich mangels Ortskenntnissen vertan und der Hof lag doch in Taufkirchen.

Tegernsee war damals schon der größte Grundbesitzer im Hachinger Tal. Im Eigentum des Klosters sind nach dem Urbar im Umgriff von Taufkirchen:

in Potzham 2 Höfe, 2 Huben, 1 Lehen,

in Winning 2 Höfe, 1 Lehen

in Westerham 2 Höfe.

Der Riedthof (Heimerer), der Püchlhof (Zellermayr) in Potzham und der Angermüller in Winning gehörten hierorts zu den größten der Meierhöfe. Es heißt: „Mehrere Höfe unterstanden einem klösterlichen Verwalter; er war mit seinem Meierhof die Zwischeninstanz zwischen Kloster und Bauern und hatte die Dienste und Abgaben zu kontrollieren" (Prinz). Und „Tegernsee hielt Potzham besonders fest im Griff": Von 1671 an bis zur Säkularisation gehörten ihm fünf von 16 Betrieben.

Laut Urbar gebot Tegernsee um 1289 (ohne den Besitz in der Wachau und in Südtirol) bereits über 1.000 Höfe in 370 Dörfern und über 15.000 Hektar Wald. Im 14. Jahrhundert ist trotzdem von Misswirtschaft und auch von Sittenverfall die Rede. Welche Rolle Gebhardt Taufkircher dabei spielte, der 1372-1393 dem Kloster vorstand, ist nicht überliefert.

Der rührige Historiker und Archivar Roland Götz, vom Archiv der Diözese München und Freising, hat einen Kirchenführer zur

Klosterkirche St. Quirinus Tegernsee verfasst[24]. Daraus stammen alle folgenden Zitate:

„Eine bischöfliche Kommission führte 1426 die Reform des Klosterlebens ein, die im Kloster Melk ihren Ausgang genommen hatte. Das Kloster wurde für Bürgerliche geöffnet.

Der mit 24 Jahren zum Abt gewählte Münchner Patriziersohn Kaspar Aindorfer (reg. 1424-1461) und seine Nachfolger legten den Grundstock für einen dauerhaften religiösen, wirtschaftlichen und kulturellen Aufschwung, der über Jahrhunderte trug. So konnte das Kloster bis zu seiner Aufhebung als eines der vortrefflichsten seines [Benediktiner-]Ordens gelten. Der [heute] bestehende Kirchenbau ist ein Werk der Gotik. [Die Äbte ließen] nacheinander einen neuen Chor mit doppelstöckiger Sakristei und das wiederum dreischiffige Langhaus errichten. Die Kirche war überreich ausgestattet mit 26 Altären. Säulen und Mensen der Altäre bestehen … aus „Tegernseer Marmor", der seit 1680 auf Klostergrund gebrochen wurde.

Wenigstens zum Teil sind [daraus] Spitzenwerke der altbayerischen Spätgotik in verschiedenen Museen erhalten. [So die meterhohe] Monstranz des Landsberger Goldschmieds Hans Kistler aus dem Jahr 1448.

---

[24]Roland Götz, Tegernsee St. Quirinus, s. oben

Nach dem Dreißigjährigen Krieg unternahm es der tatkräftige Abt Bernhard Wenzl (reg. 1673-1700) ab 1678, dem Kloster eine moderne, barocke Gestalt zu geben. Die ... neuen Klosterbauten ... benötigten bis zu ihrer Fertigstellung nahezu ein Jahrhundert. 1746 feierte Tegernsee glanzvoll sein 1.000-jähriges Bestehen.

Anlässlich der 1.000-Jahr-Feier ... wurden an die Seitenschiffe zwei Rokoko-Kapellen zu Ehren der Heiligen Quirinus und Benedikt angebaut.

Überragende Bedeutung hatte Tegernsee [schon im 11. Jahrhundert] als künstlerisches Zentrum. Berühmt war die Bibliothek mit ihren reichen Beständen an Handschriften und frühen Druckwerken [40.000 Bände]".

Aus den weit über 1.000 Höfen, die sein Eigentum waren, flossen dem Kloster ständig große Erträgnisse in Geld oder Naturalien zu. Ein Gutteil der „Viktualien" verkaufte man in dem günstig an der nördlichen Salzstraße gelegenen zentralen Marktort Holzkirchen. Kaiser Ludwig der Bayer erteilte dem Ort 1329 das Marktrecht[25]. Tegernsee installierte hier einen Richter, der regelmäßig Rechtsfälle behandelte. Das besondere Engagement des Konventes in Holzkirchen sieht man auch

---

[25] 1286 wurde der Markt bereits als „Holtzkirchen de foro" erwähnt.

daran, dass Abt Kaspar Ayndorfer (res.1426-1461) zur Wasserversorgung am Marktplatz einen 80 m tiefen Brunnen graben ließ: eine ingenieurmäßige (und finanzielle) Meisterleistung!

1493 wurde im Dorf eine Landschule eröffnet – eine von elf Volksschulen im damaligen Bayern! Rund um den Klausurbereich siedelte man in Tegernsee alle in der Vergangenheit notwendigen Handwerks- und Kunstbetriebe an. Dazu zählte auch eine eigene Mühle. „Das Kloster wurde letztlich dadurch zu einem geradezu mit Konzernstrukturen ausgestatteten Großunternehmen" (Cramer). 1477-1486 ließ man das Kloster mit einen Mauergürtel zur Wasserburg ausbauen.[26]

Bei St. Quirin und Gmund standen Burgen und rings um den See gab es zahlreiche Sitze der waffenfähigen Tegernseer Ministerialen. Da die Abtei als Reichskloster Soldaten stellen musste, sorgten diese für Sicherheit. Tegernsee verfügte auch über die Gerichtsbarkeit gegen seine Untertanen, nur Gewaltverbrechen waren ausgenommen.

Was erzieherische Maßnahmen angeht, so unterrichteten die Mönche schon im Jahr 979 ihre Ministranten in einer Schule. Im 18. Jahrhundert wurden etwa 30 Knaben beschult, die als Messdiener oder Sänger dienten. Natürlich bildet das Kloster

---

[26]Peter A. Cramer, Das glückliche Tal, s. oben

auch in einem mehrstufigen Studiengang den eigenen Führungsnachwuchs aus.

Als karitative Maßnahmen sind zu nennen: Etliche Kranke und Alte werden versorgt, am Gründonnerstag finden sich jährlich bis zu 500 Bettler und Leprösen ein, die an diesem Feiertag verköstigt werden, durchreisende Pilger erhalten Essen und Almosen.

Das Kloster hatte Dependenzen in Österreich und Südtirol und trieb „Außenhandel" bis nach Russland. Tegernsee (mit dem Markt Holzkirchen) war autark und präsentierte sich als annähernd souveräner Kirchenstaat. Aber: Die Klosteruntertanen stöhnten oft unter den harten Fron- und Abgabenlasten.

Quirin IV, „von Gottes Gnaden Abbte", (reg. 1700-1715) verwendete bei Neuvergaben von Bauernhöfen ein in der Klosterdruckerei hergestelltes frühes „Standartformular". Es stellte an die leibeigenen, analphabetischen Pächter u. a. diese Forderungen:

- Die jährliche Gült (Pacht) ist zu zahlen unabhängig von „Unbau, Schaur, Khrieg, Brünst noch einig anderer
- Landtsgebresten".
- Der Untertan soll in der Regel jährlich im Kloster erscheinen und ihren Leibgedingbrief (Pachtvertrag) vorzeigen.

- Er soll gehorsam sein und insbesondere willig die vereinbarten Scharwerksleistungen erbringen.

- Der Pächter hat die Zehendgaben zum Kloster zu fahren.

- Bei Feuer oder anderen Notfällen im Kloster muss er helfen.

- „So offt sich eine Verenderung mit einem Herrn Prälaten begibt", soll er zur „Beschaffenheit" seines Hofes proportionale „Spesen" (Sonderzahlungen) aufbringen.

- Er soll seinen Hof pflegen, Holz, Stroh, Heu und Gründe nicht an Andere verkaufen.

- Das Kloster behält sich vor, im Wald des Pächters Bauholz für sich zu schlagen.

- „Wan Er aber oberzelter Articulen ainen oder mehr übertretten [hat] solle Er dardurch dies sein Leibgedings Gerechtigkeit gänzlich verworckt haben."

Nur sehr selten ist die Rede davon, dass das Kloster von den vertraglichen Forderungen Abstriche gemacht hat. Wie gesagt, die Abtei Tegernsee war der größte Grundbesitzer in Taufkirchen und in ganz Haching. Andere Lehensherren, über die noch berichtet wird, sind die Adelsfamilie der Taufkircher, die Jesuiten, die Malteser/Johanniter und der bayerische Landesherr.

Baugeschichte

Die Historikerin Gertrud Diepolder vermutet die Errichtung der Kirche St. Johannes der Täufer etwa zeitgleich mit St. Stephan in Oberhaching im Jahr 750 oder einige Jahre früher. Der Ursprungsbau dürfte ein kleines Gebäude aus Holz gewesen sein, wie man es in Aschheim festgestellt hat. Holz stand damals in den Wäldern reichlich zur Verfügung, Steine waren selbst für Kirchen zu teuer.

Wann der Holzbau durch eine steinerne Kirche ersetzt wurde, ist nicht überliefert. Der ehemalige, langjährige Sachverständige Prof. Gert Mader vom Landesamt für Denkmalpflege hält es „wegen bautechnischer Befunde der Mauer- und Fugentechnik" für wahrscheinlich, dass die Erstellung der steinernen Kirche im 12. Jahrhundert lag[27].

Der Bau ist eine „Chorturmkirche". Bei dieser Konzeption liegt der Turm, der im „Erdgeschoss" den Chor birgt, im Osten, dort wo am Auferstehungstag, am Ostermorgen, die Sonne aufgeht. Der Gebäudetyp war in vielen Teilen Süddeutschlands bei kleinen Landkirchen bis ins 15. Jahrhundert hinein die häufigste Bauart. Südlich von München haben sich etliche davon erhalten

---

[27] Freundl. Mitteilung von Prof. Gert Mader, München, vom 9.5.2020

und zwar außer in Taufkirchen in Oberhaching, Unterhaching, Grünwald, Großdingharting, Neufahrn bei Wolfratshausen, Altkirchen, Ascholding, Linden, Egmating, Fröttmaning und Thannkirchen bei Dietramszell.[28]

Beim Langhaus fällt auf, dass seine Achse gegenüber der Achse des Turmes einen Knick aufweist: Hat man nach dem Bau des Turmfundamentes bei der Absteckung des Kirchenschiffes die Ostausrichtung nachjustieren müssen? Als Folge der Veränderung ist jedenfalls die Wand im Norden ca. 15 m und im Süden etwa 16 m lang.

Der Oberkonservator Dr.-Ing. Thomas Aumüller vom Bay. Landesamt für Denkmalpflege schreibt über den Turm: „Über dem mittelalterlichen Gewölbe [des Chores] ist dann in einem niedrigen 1. Obergeschoss innen die Konstruktion [da unverputzt] erstmals zu erkennen … Die [0,75 m starken] Außenwände bestehen im untersten Bereich … aus meist größeren Tuffquadern.[29]" Im Kunstführer aus 1995 heißt es: „Das noch im gesamtem Chor und in Teilen des Chorbogens und Langhauses bis Der Turm bestand wohl zunächst nur aus dem Chor und einem „Obergeschoss" mit Dach. Anscheinend verzichtete man hier zunächst auf einen „richtigen Turm", wie auch in Altkirchen bei

---

[28] Freundl. Mitteilung von Heimatforscher Wolfgang Kuny, Grünwald
[29] Dr. Thomas Aumüller, Bay. Landesamt für Denkmalpflege, Gutachten vom 4.8.2016

Sauerlach; die Kirche St. Peter und Paul in Grünwald hatte noch um 1800 nur einen Turmstumpf![30]

Im Gutachten von Dr. Aumüller steht weiter: „Über diesen Tuffquadern folgt dann ein etwa 1,60 m hoher Wandabschnitt aus kleineren Tuffsteinen und vor allem im oberen Bereich Ziegeln (32/33x16x7 cm)." Das Bauen unter Verwendung von Backsteinen („Backsteingotik") begann im Münchner Raum im 13. Jahrhundert mit der Errichtung des Sendlinger Tores und der Augustinerkirche (heute: Jagdmuseum).

Der Raum mit rund 5x5 m Innenfläche wird überspannt von zwei Balken, die nach der dendrochronologischen Analyse (Jahresringfolgebestimmung) aus dem Winter 1237/38 stammen. Auf den Balken ruhen starke Bohlen (60x13 cm), gewonnen aus einer mächtigen Tanne oder Fichte, mit dem Fälldatum 1263. Dabei bilden die Bretter bis heute, also seit rund 750 Jahren, den Boden dieses vom Dachwerk aus zugänglichen Raumes.

Der Turm wurde durchgehend in mittelalterlicher Ziegelbauweise erhöht, mit von Stockwerk zu Stockwerk verminderter Wandstärke. In der Glockenstube (viertes Obergeschoss) voll-

---

[30]Vgl. Radierung von Philipp Troger, München, im Privatarchiv Wolfgang Kuny, Grünwald

zog man mitten in dem Stockwerk den Übergang der Viereck-form des Turmgrundrisses zum Achteck. Dr. Aumüller schreibt: „In den Ecken überbrücken kurze Eichenbalken die Diagonale, auf denen dann das übliche Ziegelmauerwerk steht. An den Wandflächen gibt es hier keine erkennbare Baufuge, alles läuft durch."

Dr. Aumüller erläutert: „Die Aufstockung des Turmes … könnte durch die Bohlen um das Jahr 1263 zu datieren sein." Prof. Mader ergänzt bezüglich des Ziegelmauerwerks, dass „dessen typische Formen: Lisenen und große Rundbögen, darüber Zahnfriese ins Ende des 13. Jahrh. weisen."

Zur Turmhaube heißt es dann in einem weiteren Gutachten: „Das Dachtragwerk des Turmes liegt mit Balken auf den Mau-ern auf … Das eigentliche Tragwerk ist eine Konstruktion mit liegenden Stühlen ..." Diese lenken das Gewicht des Tragwerks und die Windkräfte auf die Mauern ab. Die Konstruktion – man erreicht sie mühevoll über steile, schmale Leitern – ist ein auf-wändiges, dreigeschossiges Meisterwerk der Zimmermanns-kunst. Auf schwankenden Brettern stehend erbohrte der Bauex-perte Dr. Aumüller aus drei Balken acht Millimeter starke „Bohrkerne" zur dendrochronologischen Untersuchung in ei-nem Speziallabor. Das Ergebnis war, dass das Dachwerk wohl Das Turmbauwerk mit der spitzen Dachhaube erreicht eine Höhe von 42 Meter, wobei die Haube mit 20 Meter fast die

Hälfte der Gesamthöhe ausmacht! Der Turm ist dann noch mit einem 2,50 Meter hohen, vergoldeten Kreuz gekrönt.

Das Kreuz erhebt sich aus einer Kugel und weist drei Querbalken auf, was „als Herrschaftszeichen eigentlich dem Papst vorbehalten [sei]"[31]. Es in der großen Höhe anzubringen, war eine technische Meisterleistung!

Anlässlich der Restaurierung der Turmspitze entdeckte man im Sommer 2018, dass in einem der Balken die Jahreszahl 1342 eingeprägt ist. Dies ist möglicherweise das Jahr der Vollendung der Dachhaube, neun Jahre nach der Aufrichtung des zweiten Dachwerkes über dem Langhaus im Jahr 1333.

Die Kirche zeigt sich heute in der Gestalt, die ihr die jesuitischen Baumeister im Barock 1737/1738 verliehen haben. Damals verlegte man die Sakristei von der Nordseite auf die Ostseite des Turmes. Im Westen wurde die Kirche um einen Vorbau erweitert, der den Eingang aufnahm, welcher zuvor an der Südwand lag.

Der ältere Bauzustand ist abzulesen in einer Zeichnung von 1593 aus dem nostalgisch zurückblickenden Wappen- und Stammbuch der Taufkircher.[32] Das gezeichnete und von Hand geschriebene Buch des Aiblinger Malers Steffan Ebersberger

---

[31]Geistl. Rat Helmut Fried im Pfarrbrief Advent 2018, S. 9
[32]Entstehungszeit: 1593-1600

besteht aus zahlreichen Abbildungen der Wappen der Taufkircher und ihrer Ehefrauen und aus der Chronik der Familie. Dieses Adelsgeschlecht beherrscht von vielleicht 1270 bis 1544 die Ortschaft Taufkirchen und danach die Hofmark Höhenrain bei Aibling. Die Zeichnung ist ein wichtiges Dokument, da nur hier der Bauzustand vor der Barockisierung des Gotteshauses festgehalten ist. Das gilt, auch wenn auf ihm die Proportionen vieler Bauteile nicht stimmen. So ist das Langhaus mit Anbau und Hochgrab zu hoch und der Turm zu schlank wiedergegeben und der Übergang vom Viereck- zum Achteckgrundriss des Turmes nicht beachtet. Dagegen sind aber die Geschosse, wenn auch vereinfacht, dargestellt.

Der Maler Ebersberger beschreibt das Grab aufgrund seiner Ortsbesichtigung bereits im Jahr 1593 als „baufällig". Wörtlich heißt es: „Ain Alter Paufelliger Plaber (blauer) Sepulturstein auf ainem gemauerten gewelb oder gruften Ligend." Und der Maler berichtet, die Adelsfamilie habe 1599 mehrmals vergeblich die Renovierung beim „würdigen Societet Jhesu Regenten Johann Völckhl" in München angemahnt.

Man ließ sich aber mit der Renovierung Zeit bis 1737! Damals wurde wohl das Hochgrab abgetragen und die Deckplatte für mehr als 200 Jahre an der Südseite des Kirchenschiffs stehend angebracht. Sie wurde ergänzt durch eine steinerne Ecce-homo-Darstellung (anstelle der früheren Mauerzeichnung). Diese nimmt Bezug auf das Evangelium des Johannes (Joh. 19, 4-6), in dem geschildert wird, dass der römische Statthalter Pontius Pilatus den von seinen Leuten gefolterten Jesus, den er anschließend für unschuldig hält, dem Volk präsentiert mit den Worten „ecce homo", „seht, der Mensch". In der bildenden Kunst spricht man bei dieser Zurschaustellung Jesu auch vom „Schmerzensmann".

Mit der Hinzufügung des Ecce homo wurde die Darstellung Hilprants als Christuskrieger theologisch eingebettet und überhöht. Beidseits der Halbfigur von Christus ist hierorts das Stifterehepaar des Hochgrabes, Conrad Taufkircher (zweiter Sohn des Hilprant) mit Gattin, in typisierter Form dargestellt, darüber Engelsgestalten.

Die Außenwände der Kirche erhöhte man im Barock um etwa 60 Zentimeter, um ein zeittypisches Scheingewölbe mit Gewölbekappen über den vergrößerten Fenstern unterzubringen. Die Kirche bekam ein Kehlbalkendach mit stehendem Stuhl. Dabei wurden viele Balken des Vorgängerdaches wiederverwendet. Das Vorgängerdach stammt laut der Jahresringanalyse aus dem Jahr 1333. An der Innenseite der Westwand der Kirche kann man anhand der Mörtelreste die steilere Kontur dieses Daches nachvollziehen. Die Fuge zwischen Dachhaut und Wand wurde nämlich mit einem Mörtelband verschlossen, die beim Umbau unbeachtet an der Wand verblieb. Es entspricht in der Neigung ungefähr dem Dachstuhl von 1738, ist jedoch tiefer angesetzt, weil die Außenwände 60 Zentimeter niedriger waren.

Der Denkmalexperte Dr. Aumüller schrieb: „Da am Westgiebel kein Abdruck des früheren Dachwerks zu erkennen ist, war die Kirche möglicherweise noch kürzer und wurde erst 1333 nach Westen erweitert, was dann auch der Grund für das neue Dachwerk gewesen wäre.

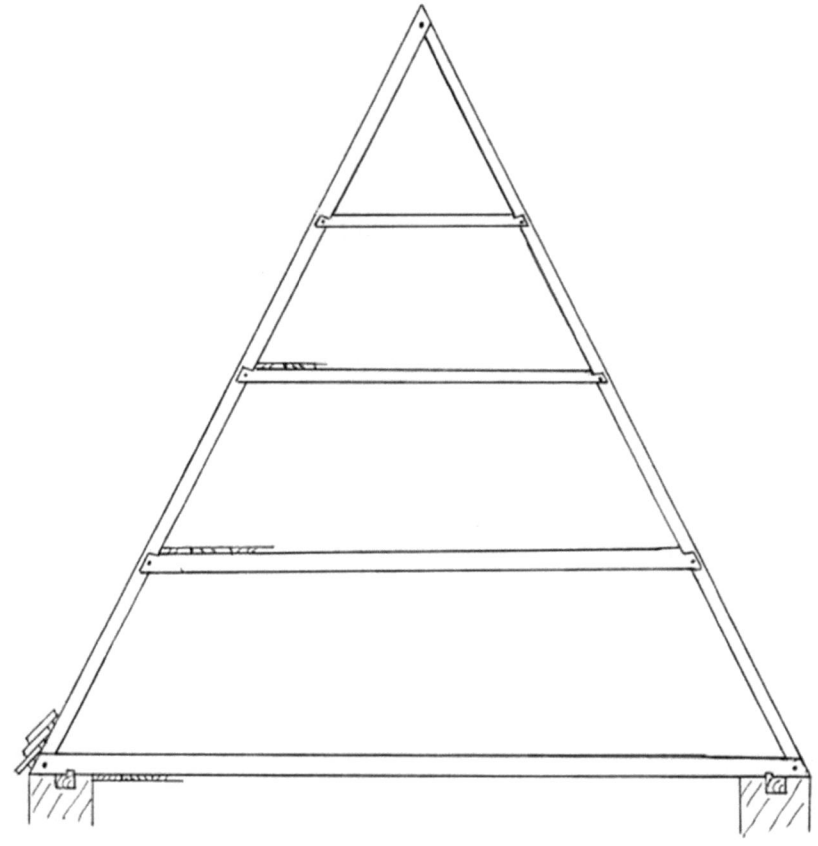

Dachwerk 1333

Zeichnung nach Bauaufnahme Prof. Gert Mader

Für diese Theorie könnte auch eine Nische an der Südwand nahe am Turm sprechen, die möglicherweise auf ein Portal der kürzeren Kirche hindeutet."

Der Dachstuhl von 1738

Diese Hypothese müsste durch Untersuchungen mit stellenweiser Putzentnahme verifiziert werden.

Zu dem Dachwerk von 1333 ist anzumerken, dass es sich um eine sehr einfache, wenig belastbare Konstruktion handelt, bei der es keine Längsverstrebung zur Stabilisierung bei Windangriff von Westen oder Osten gibt.

In den neunzehnhundertneunziger Jahren war das barocke Dachwerk instabil geworden. Besonders die Fußpunkte mit den Sparrenenden waren stark angefault. Daher fürchtete man um den Bestand des Scheingewölbes, das an der unteren Balkenlage der Dachkonstruktion befestigt ist. Man beschloss daher das Dachwerk vollständig zu erneuern.

Das bischöfliche Bauamt hatte die Abbruchgenehmigung bereits erteilt, als das Landesamt für Denkmalspflege (Prof. Gert Mader) sein Veto einlegte. Man hatte nämlich bei einer Begehung festgestellt, dass die Bauleute 1738 bei der Aufrichtung des Dachstuhles 60 Prozent des Holzes aus dem Dachwerk von 1333 in veränderter Funktion wiederverwendet hatten. Außerdem fand man seltene gotische Holzverbindungen und zahlreiche Bundzeichen unter Verwendung christlicher Symbole (insbes. Kreuze in verschiedenen Ausprägungen) der damaligen Handwerker. Es handelt sich für die Region München mit um die ältesten erhaltenen Dach-Bauteile. Alle Beteiligten einigten sich daher auf die aufwendige Sanierung des Dachwerkes, welche in den Jahren 1999/2000 ins Werk gesetzt wurde und schließlich etwa 750.000 DM kostete.

Foto Prof. Gert Mader, Die freigelegten Sparrenfüße des Dachwerks vor der Sanierung

Zunächst wurden die Sparrenfüße durch Anschiftung neuer Hölzer repariert und die unteren Dachbalken (Zerrbalken) teilweise ersetzt. Die Balken wurden durch einen darüber errichtete Rost aus starken Stahlträgern und Holzbalken zusätzlich stabilisiert. Diese Verstärkungen waren notwendig, um das fragile barocke Scheingewölbe des Kirchenraumes zu sichern. Die Deckenschale besteht aus schmalen Holzbrettern. Diese wurden von unten an die Dachbalken angenagelt. Der Bereich der Fenster wurde mit Sturzkappen überwölbt, die mit Nägeln an

Spanden befestigt sind, wie man sie aus dem Bootsbau kennt. Zwischen den schalen Brettern der Deckenschale wurden Lükken von ein bis zwei Zentimetern gelassen, um dem Kalkputz, der das Bretterwerk überzieht einen guten Halt zu bieten. (Nachteilig dabei ist, dass der Putz, der die Deckenfarbe und die Gemälde trägt, im Bereich der Fugen beim Abbinden stärker schwindet als auf den Brettern und sich dadurch die Fugen an der Decke geringfügig abzeichnen, besonders auch durch Staubanhaftungen.) Anlässlich einer Pressekonferenz im Mai des Jahres 2000 wurde die Dach- und Deckensanierung in der Kirche St. Johannes als mustergültige Leistung herausgestellt.[33]

Es sind auch früher immer wieder Renovierungen der Kirche notwendig geworden, so in den Jahren 1823, 1883, 1921, 1939 und 1986. Leider wurden die Sanierungsarbeiten nicht zu baugeschichtlichen Untersuchungen genutzt.

---

[33]Süddeutsche Zeitung, Landkreisteil, 3.5.2000

St. Johannes als Gesamtkunstwerk der Societas Jesu

1592 hatte die Societas Jesu die Hofmark Taufkirchen übernommen, aber erst 1737 entschloss sich das Jesuitenkolleg in München Geld für die dringende Sanierung der Kirche St. Johannes bereitzustellen. Man folgte jetzt einem großen Plan: nach der Veränderung der Außengestalt (Verlegung von Zugang und Sakristei, neuer Anstrich usw.) und nach der Erneuerung des Dachwerkes und der Herstellung der Decke im Langhaus als Scheingewölbe ging man an die Neugestaltung des Kircheninneren. Dies geschah im Geiste des Barock und im Bestreben einer demonstratio catholica, der Sichtbarmachung des katholischen Glaubens.

Um das Kirchenvolk besser zu erreichen, erhöhten die Patres die Möglichkeiten der bildlichen Darstellung durch Hinzunahme des Evangelisten Johannes als zweiten Schutzpatron neben Johannes dem Täufer. Unter den Maltesern wurde dieses zweite Patrozinium wieder abgeschafft[34].

---

[34]Wenk, S. 79

Madonna am Hauptaltar (17. Jahrhundert)

Die Vergrößerung der Raumhöhe und der Fenster, helle Wand-
und Deckenfarben und ein weiß-gelber Marmorfußboden gaben
der Kirche bedeutend mehr Licht. Der Raum wurde mit vielen
Stuckornamenten geschmückt. Den Durchgang zum Chor über-
wölbte jetzt ein gebänderter Triumpfbogen. Über diesem erhebt

sich das IHS-Emblem der Jesuiten (Iesum hominum Salvator = Jesus Erlöser der Menschen). Es ist umgeben von Strahlenkranz und „Bandelwerk in Ocker und Malachitgrün."[35] Im Mittelpunkt des stuckverzierten Kreuzgewölbes im Chor wurde das IHS-Zeichen ebenfalls angebracht. So machte die SJ sich als den Initiator des Gesamtkunstwerkes St. Johannes Taufkirchen mehrfach deutlich.

Drei große Deckengemälde zeigen Johannes den Täufer mit Jesus, dann die Enthauptung des Heiligen und schließlich die beiden Kirchenpatrone, die Himmelskönigin Maria anbetend. In kleineren Bildern sind überwiegend imaginierte Lebenssituationen der beiden Heiligen dargestellt. Die Bildwerke sind mitsamt der Stuckumrahmungen das Werk des Münchner Malers Ignaz Schilling (1702-1773). Bildern sind überwiegend imaginierte Lebenssituationen der beiden Heiligen dargestellt.

Die drei reichgegliederten Altäre mit ihren roten Randsäulen aus Stuckmarmor (Kunstmarmor) stammen vom Münchner Kistler Ignaz Hauber. Der Hauptaltar zeigte 1738 im Zentrum die beiden Kirchenpatrone[36]. Ihr Bild wurde im 19. Jahrhundert durch eine Darstellung der Taufe Jesu ersetzt.

---

[35]Nicola Schmid, St. Johannes der Täufer, s. oben, S. 13

[36]Wenk, S. 62. Wenk zitiert die Kanonicus-Schmidtsche Matrikel des Bistums Freising 1738-1740: Altare majus dedicatum in hororem SS. Joannis Baptistae et Evangelistae, s. auch HH, S. 270

St. Johannes der Täufer, die Chorwand

1939 platzierte man hier eine Madonnenstatue im Weilheimer Stil aus der Mitte des 17. Jahrhunderts.

Ignaz Schilling: Die beiden Johanns vor der Himmelskönigin

Der Altar wird durch Plastiken von Johannes dem Täufer und Johannes dem Evangelisten flankiert, die aus der Zeit um 1520 stammen. Außen sind auf Konsolen die beiden jesuitischen Heiligen Ignatius und Franz Xaver postiert.

Der nördliche Seitenaltar präsentiert eine spätgotische Madonna; sie stammt ebenfalls aus der Zeit um 1520.

1737/38 wurde an der Nordwand eine Kanzel im Stil der Zeit und ihr gegenüber eine frühbarocke Kreuzigungsgruppe angebracht.

Im 18. Jahrhundert wurden für einige Benefiziaten Gedenktafeln im Chor der Kirche angebracht: In der Zeit der Jesuiten für Simon Rieder (res. 1705-21), Peter Seemüller (1736-46), Benedikt Kirchhofer (1746-64), Johann Michael Goldhofer (1764-77) und unter den Maltesern für Johann Georg Niedermayr (1778-1799). Die Orgelempore im Westen stammt wohl aus dem 19. Jahrhundert. An ihr hat man zwölf barocke Apostelfiguren angebracht. Über der Orgel findet man das Deckengemälde, das die Enthauptung des Johannes darstellt.

Die Enthauptung von Johannes dem Täufer

Die Kirche ist mit zahlreichen figürlichen Darstellungen von Heiligen verschiedener Zeitstellungen geschmückt. Die zahlreichen Veränderungen nach der Barockzeit haben aber dem geschlossenen Gesamteindruck des Gotteshauses keinen Abbruch getan.

Taufkirchen unter den Jesuiten

1544 übergaben die Taufkircher ihr Territorium, das vom Herzog vom „Dorfgericht" zur Hofmark aufgestuft worden war, an den Landesherrn. Von ihm erhielten sie dafür gegen Aufschlag die bedeutendere Hofmark Großhöhenrain im Bezirk Aibling. Der Herzog ließ Taufkirchen-Westerham einige Jahre vom Kastenamt (Kastner Caspar Lerchenfeld) verwalten und verkaufte sodann die Hofmark an die Societas Jesu (SJ).

Die SJ sah ihre Hauptaufgabe in der Volksmission. Sie vertrat unbeirrt die Römische Dogmatik und hielt nichts von Freidenkern.

Georg Scherer, Kinderlehr, Holzschnitt, Mähren 1600

Die meisten Jesuiten befürworteten die Hexenprozesse, denen in Altbayern und Schwaben bis zu 1500 Menschen zum Opfer fielen. Es blühte in Bayern auch in späteren Zeiten, sogar bis ins 20. Jahrhundert, noch der Handel mit Amuletten und Schluckbildchen mit Darstellungen der Heiligen.

Pfarrer Johannes Chrysostomos Homayr (res. 1668-1688) in Oberhaching beklagte, dass „die Bauern in ihrem gleichsam heidnischen Leben und Aberglauben in allen Sachen, auch in den Wettern, under welchen sie die Tüschtücher, Trifuß und Khörbesen unter den freyen Himmel hinaustragen, das Wetter zu vertreiben". Kurfürst Max III. Joseph erließ vor 1746 „die Landgebott wider den Aberglauben, Zauberey und Hexerei und andere sträfliche Teufelskünste". Der bekannte Historiker Benno Hubensteiner behauptete, der Geist der damaligen Zeit (Barock) bedeute grob gesprochen eine Verlängerung des Mittelalters um 200 Jahre.[37]

In Bayern entwickelte sich der Widerstand gegen das Luthertum. Die Ingolstädter Universität hatte mit dem Doktor Johannes Eck den ersten Vorkämpfer des Katholizismus in Deutschland.[38] „Die theologische Fakultät war jedoch nach dem Tod Jo-

---

[37]Benno Hubensteiner, Vom Geist des Barock […], Süddeutscher Verlag, München 1978, S. 21

[38]Benno Hubensteiner, Bayerische Geschichte, Süddeutscher Verlag, München 1977, S. 204

68

hann Ecks 1543 in desolatem Zustand. Für die Herzöge Wilhelm IV. und Ludwig X. war es von größtem Interesse die Universität … mit guten, >rechtgläubigen< Professoren zu besetzen." Ihnen schien der Orden der Jesuiten „sehr geeignet, die Krise der katholischen Glaubensvermittlung im Land zu beheben."39

„1549 kamen die ersten drei Patres nach Ingolstadt … 1556 errichteten achtzehn Jesuiten in Ingolstadt ein neues Kolleg, und drei Jahre später holte sie [Herzog Albrecht V. reg.1550-1579] auch nach München, so dass der Orden mit einem Schlag stark an Boden gewann." Der glanzvolle Neubau der Michaelskirche mit Kolleg, Gymnasium und dem Internat für arme Schüler hat den „Erneuerungswillen des Ordens wie des Herzogs sinnfällig demonstriert". Simon Eck (1514-1574), „der jüngere Stiefbruder des berühmten Theologen … ein treuer und unbedingter Anhänger der alten Kirche" (Hubensteiner) wurde von Herzog Albrecht zum Kanzler ernannt. 1560 überträgt der Herzog ihm den >Gebrauch und die Nuzung des Sizs und der Baumgärten, des Fischwassers, der Hofmarkshändel und Strafen [Strafgelder]< in der Hofmark Taufkirchen.

39Katalog der Ausstellung Die Jesuiten in Bayern, Bayerisches Hauptstaatsarchiv, München 1991, S. 36

1585 überließ Albrechts Nachfolger, Herzog Wilhelm V. (1579-1597), dem Jesuitenorden gegen einen jährlichen „Zünß" von 300 Gulden „ein Landguetl zu Taufkirchen mit einem Traid- und Küchendienst, Vischwässerl und Vischzigl, auch im Fahl ir ainer oder mehr schwach würde ein Ort, der ihnen sey zur Erhaltung irer Gesundheit".

Während das entscheidende Konzil von Trient (1545-1563) noch tagte und schließlich das Zölibat verpflichtend einführte, lebten hier noch Priester in eheähnlichen Verhältnissen. So in Oberhaching Johannes Jungwirt (res. 1561-1571) und Nicolaus Zellermayr (res. 1580-1614). Zellermayr hatte mit seiner Frau sechs Kinder. Wegen etlicher Fälle unziemlichen Verhaltens wurde er zum Kooperator von Unterhaching degradiert.

Bis zum Konzil waren viele Pfarrer auf dem Land („Leutprie-ster") schlecht ausgebildet. Oft lernte der Gesellpriester das Notwendigste von seinem Pfarrer. Von Wolfgang Pruckmair aus Oberhaching heißt es beim Weiheexamen: „redeat doctior, alias numquam admittendus", „er kehre mit mehr Wissen zurück, sonst wird er niemals zugelassen."[40]

Am 20.8.1592 verkaufte dann Herzog Wilhelm die gesamte Hofmark für 31.000 Gulden an die Gesellschaft Jesu. Das Engagement des Ordens war dabei in erster Linie darauf gerichtet,

---

[40]HH, S. 178

Geldmittel für seine zahlreichen Aktivitäten in Volkserziehung und Binnenmission zu generieren.

Der Umgriff der Hofmark wurde vom Landesherrn zugunsten der SJ wesentlich erweitert, sodass das Gebiet bereits alle Dörfer mit ihren abgabepflichtigen Bauern umfasste, die heute als Ortsteile die Gemeinde Taufkirchen ausmachen. Dazu kamen noch „Lucas Streichers hueb zu Niderhäching" und die Waldparzellen in Englberting [Englwarting, heute Gemeinde Brunnthal]. Zur Hofmark gehörten jetzt 17 Höfe, 12 Huben, 19 Lehen, 15 Sölden, 8 Häusl; einschließlich der drei gemeindeeigenen Hirtenhäusl und der Schmiede sind das 75 Anwesen. Die ursprüngliche Hofmark Taufkirchen und Westerham hatte lediglich 17 Höfe umfasst.

Hobmair schreibt, es ginge nun „auch die niedere Gerichtsbarkeit auf den Orden über, die durch einen [weltlichen] Richter ausgeübt wird. Er hat nun die … Übeltäter zu bestrafen, die Hofübergabe oder Geldaufnahme zu beurkunden, die Steuern einzuziehen und Streitigkeiten zu schlichten."[41] Für die Verwaltungs- und Wirtschaftsangelegenheiten untersteht ihm ein Amtmann oder Hofmarksverwalter. Er residiert im Amtshaus nördlich der Dorfwirtschaft. 1738 heißt der Richter Dr. Josef Köstle und der Verwalter Johann Philipp Hafner. Der Hofmarksrichter

---

[41]HH, S. 404

ist für Ebersberg und für Taufkirchen zuständig und hat seinen Sitz in Ebersberg. Es heißt: „Das im Jahr 934

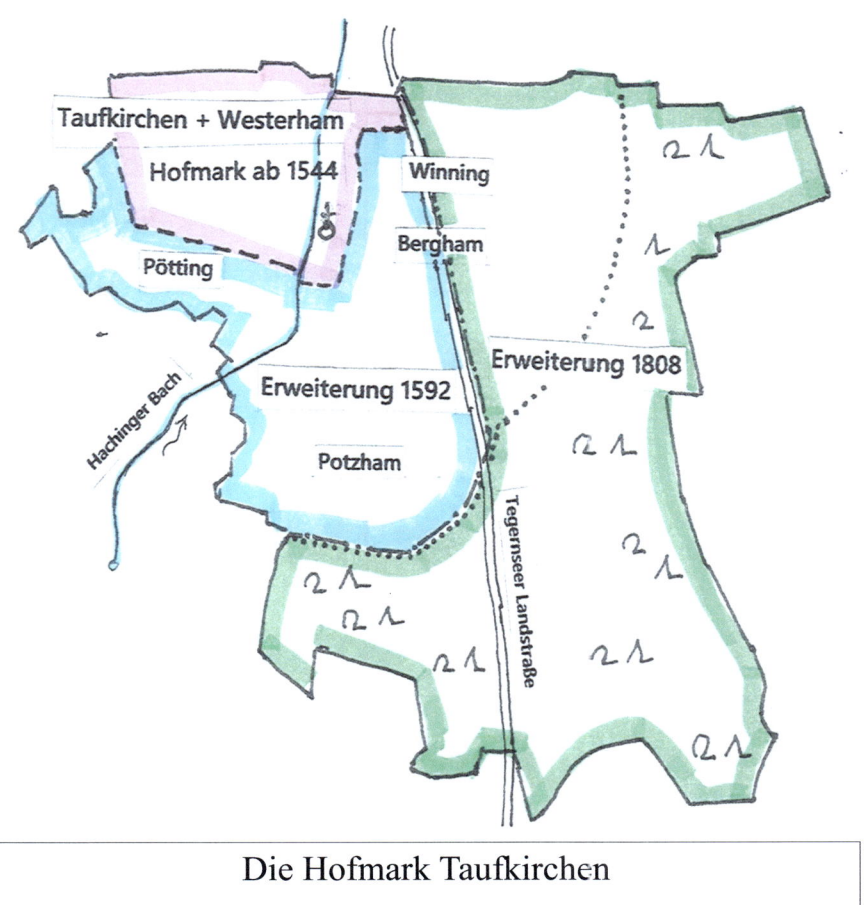

Die Hofmark Taufkirchen

von den Grafen von Ebersberg gegründete Kollegiatsstift und spätere Benediktinerkloster wurde nach dem wirtschaftlichen Der Richter verurteilte 1604 die unverheirateten Georg Frimmer aus Potzham und Barbara Gerbl wegen „Leichtfertigkeit",

d. h. wegen einer Schwangerschaft. Barbara erhält einen Verweis und der rückfällige Georg muss 2 Gulden bezahlen.

Hans und Lorenz Wagner aus Oberhaching sowie Leonhard Zellermair müssen einen Gulden 5 Schilling (S) hergeben, da sie bezecht in Taufkirchen gerauft haben.

Die SJ verwaltete keine Pfarreien und so überließ der Orden auch die Seelsorge in Taufkirchen dem Pfarrer von Oberhaching und seinen Kooperatoren. Sie veranstaltete in Taufkirchen sonntags Katechismusunterricht.[42] Und die SJ wirkte bei der Auswahl der Kooperatoren für Taufkirchen mit. Manche von ihnen waren am Gymnasium des Ordens in München ausgebildet worden und wohnten auch in der Stadt. Von Lorenz Denneckher, der 1660/61 den Dienst in Taufkirchen und in Unterhaching versah, heißt es, er habe sich für die Anreise ein Pferd gekauft.

Es wird überliefert: „Hanns Creutzmair, Forstknecht zu Perckhaim in der Hofmark Taufkirchen, verkauft an Melchior Härtl, Rektor des Jesuitenkollegs München, um 70 Gulden ein jährliches Ewiggeld in Höhe von 3 Gulden 30 Kreuzern aus seinem Viertel-Hof genannt das Creutzmair-Lechen in Perckhaim."[43]

---

[42]Wie vor, S. 54
[43]HStA, Jesuiten Urk. 2664

Eine Erläuterung hierzu lautet: „Aufgrund des kirchlichen Verbots der Zinsnahme für Kredite entwickelte sich im 13. Jahrhundert das sog. Ewiggeld, eine indirekte, verschleierte Form des Kredits."[44] Rektor Härtl gab also dem Bauer Creutzmair einen Kredit und der Schuldner musste (ohne Zeitbegrenzung) das Ewiggeld (5 Prozent der Kreditsumme) bezahlen.

Aus dem Jahr 1602 existiert unter dem Titel „Leibzünß der Hofmarch Taufkhirchen" ein Verzeichnis der Leibeigenen. Anscheinend entsprachen damals alle Bauern diesem Rechtsstatus und unterstanden der „Schollenbindung". Sie zahlten jährlich 4 Pfennig Leibzins an die jeweiligen „Leibherren" (Grundherren) und Steuern an den Staat.

So wird 1606 dem „erwirdig Herr P. Martinus Mayrhofer" der SJ bestätigt, dass er die Landsteuer seiner Untertanen in der Hofmark in Höhe von etwa 132 Gulden eingezahlt habe.[45] Die Leibeigenen konnten nach dem bayerischen Landrecht von 1616 vor Gericht klagen, leisteten Wehrdienst, waren geschäftsfähig und ihre Ehen nach der Erlaubnis der Grundherren vollgültig.[46] Für Pötting, das nur aus zwei Höfen bestand, heißt es: Marthin Mayr und seine Frau Regine vom Wölflhof haben

---

[44]Wie Anm. 2, S. 79
[45]Wenk, S. 110.
[46]Renate Blicke, Leibeigenschaft in Altb. in Hist. Lexikon Bayerns

sieben unverheiratete Kinder, die mit ihren Vornamen aufgezählt werden. Marthin Scheurat, der Bauer auf dem Hacklhof, hat nur die Tochter Anna. Für den Ortsteil Taufkirchen beginnt die Aufzählung der leibeigenen „Pächter" mit Hanns und Barbara Angermüller und ihren drei Kindern. Es folgt Georg Angermüller und Elltern (sic) ohne Nachkommen und Haas und Lisbeth Scharper mit sechs Kindern.

Zwischen 1601 und 1614 erwirbt das Jesuitenkolleg drei Anwesen in Bergham. Außerdem verkauft Hanns Miller in Vollmacht von Ritter Philipp von Ayala und seiner Frau Maria Renate einen Hof in Potzham, auf dem der Bauer Matheus Widmann sitzt, an die Jesuiten.[47]

Offenbar für diesen Hof wurde eine ausführliche Aufzählung von dessen Grundbesitz erstellt. Wörtlich heißt es: „Potzhaim, Gründtbeschreibung des Collegyy aigentumbligen Widenhofs zu Potzhaim. Taufkirchener Hofmarch. 6. Martii AD 1613."[48]

Die Aufzählung der Grundstücke des Widenhofes ist nach der üblichen Handhabung der Dreifelderwirtschaft getrennt in die Bereiche des Sommergetreides, des Wintergetreides und der Brachfelder. Die einzelnen Äcker werden charakterisiert durch

---

[47]HH, S. 454
[48]HStA, Jesuitica, KL Fasz. 1045/96 Nr. 227

die Namen der Bauern, die die umliegenden Felder bewirtschaften. Die Feldgröße wird angegeben in Pifang (Feldstreifen aus 4 Pfluggängen, gefolgt von einer Furche) oder grob geschätzt in Joch (= 0,36 ha). Insgesamt gehören zum Widenhof umgerechnet rund 26 ha Ackerfläche. Wo der Hof lag, konnte bisher nicht festgestellt werden.

Die Angaben zu den Eigentums- und Besitzverhältnissen des Widenguet von Lucas Streicher in Unterhaching, das spätestens seit 1544 zu Taufkirchen gehörte, sind widersprüchlich; war Streicher Eigentümer oder nur Besitzer? Es ist von einem Verkauf an die SJ die Rede.[49] Im Verzeichnis von 1812 sind noch 4 Anwesen in Bergham, 4 in Taufkirchen, 4 in Potzham, 5 in Winning also insges. 17 Höfe noch im Besitz der SJ bzw. noch nicht auf den Staat umgeschrieben.

Das Steueramt der Landschaft (Vertretung der Stände) verklagt 1615 den Rektor der SJ, Jakob Khelen, beim Herzog Maximilian wegen fehlerhafter Steuererhebung. Die Untertanen seien „Freistifter" (ihre Hofpacht kann jederzeit gekündigt werden), die mehr zahlen müssen; sie hätten nicht die geringer steuerpflichtige „Leibgerechtigkeit" (Pachtvertrag bis zum Ableben).

---

[49]Rudolf Felzmann, Heimatbuch Unterhaching, Gemeinde Unterhaching, 1988, S. 259

Außerdem müsste der Orden die Prälaten- oder Rittersteuer entrichten, was von diesem bestritten wurde.[50]

Seit 1597 regierte als einer der bedeutendsten Herrscher Bayerns, Maximilian I (1598-1651) als Herzog das Land, ab 1623 dann als Kurfürst. Er reorganisierte erfolgreich die Verwaltung. Selbst religiös, förderte er die jesuitische Rekatholisierung. Maximilian führte ein kirchliches Polizeiregiment ein. Fensterln wurde strafbar, Tanzen nur eingeschränkt erlaubt. Man forderte von den Untertanen regelmäßig die Beichtzettel ab. Der Kurfürst stellte sich im Dreißigjährigen Krieg an die Spitze der Katholischen Liga als Gegenpol zur Protestantischen Union.

1625 kaufte Herzog Albrecht (1584-1666), der Bruder von Kurfürst Maximilian, die Hofmark Taufkirchen aus dem Besitz des Jesuitenkollegs. Der Preis war auf 30.000 Gulden in bar und 1.000 Gulden jährliche Rate festgelegt worden. Weil die Jesuiten kein Ersatzobjekt fanden und der Papst dies zur Bedingung für seine Zustimmung gemacht hatte, wurde der Kauf nach wenigen Jahren rückgängig gemacht.

Maximilian ließ 1623, das abgebrannte „Hiethauß zu Potzhaimb" wieder aufbauen, damit ein armer Tagwerker und Schneider mit vielen Kindern eine Wohnung bekam, der sich bei dem vom Herzog gekauften Bauernanwesen in Wörnbrunn

---

[50]Wenk, S. 111

aufgehalten hatte.[51] Der Wittelsbacher schaltete sich im Jahr 1628 zugunsten von Sebastian Faber bei der Neubesetzung der Benefiziatenstelle in Taufkirchen ein.

1632 besetzten die Schweden München und auch das Hachinger Tal erlebte erstmals die Schrecken des Dreißigjährigen Krieges. Beispielsweise wurde in Potzham der Schazlhof sowie die Mangmühle, in Winning der Hecherhof und in Oberhaching der Pfarrhof von der Soldateska niedergebrannt. Den Bauern Simon Schlezpämb haben sie erschlagen.[52]

Die Äbtissin von Frauenchiemsee berichtet: „Wie auch das Jesuitenkollegium zu Ebersberg an der Heiligen Dreyfaltigkait [Sonntag nach Pfingsten] von den schwedischen Soldaten eingenumben worden 4 erbärmlich umbgebracht, P. Rector an ein Tür angehöft (angeheftet) und erbärmlich hingericht."[53]

Die Bauern bei Ebersberg waren wegen der Bedrückungen durch die Katholische Liga so verzweifelt, dass sie gegen die Obrigkeit mit Kurfürst Maximilian an der Spitze den Aufstand wagten, der im Januar 1634 erbarmungslos niedergemetzelt wurde.

1634/35 erlebte München auch noch zwei Pestepidemien, denen ein Drittel der Bevölkerung zum Opfer fiel. 1635 begründet

---

[51]Wenk, S. 116
[52]HH, S. 572 u. S. 574
[53]Benno Hubensteiner, Vom Geist des Barock, Süddeutscher Verlag, München 1978, S. 78

der Münchener Rektor als Hofmarksherr die Zahlungsunfähig-keit eines Bauern in Potzham und der anderen Betriebe in einem Brief folgendermaßen: „Alldieweilen aber in der Hofmark Taufkirchen der mehrer Thail Underthanen vom schwedischen Feind abgebrennt, die andern fast alle mit Tod abgegangen und auß 80 Höfen nit mehr den 12 oder 15 Haußwesen vorhanden, dieselben aber also ruiniert dass die Grundherrschaft dies 3 Jahr herumb von solchen kainen Heller zugeschweigen ain mehrers niessen khinden."[54]

Im Jahr 1639 erhält Dr. Paulus Klier, der Richter in Ebersberg und Taufkirchen, die Aufforderung Kriegssteuer zu zahlen; Dem Rektor des Jesuitenkollegs, Mark Spaizer, wird kurz da-nach bescheinigt, dass er für die Hofmark 472 Gulden abgelie-fert habe.[55]

Pfarrer Wilhelm Stropp schrieb, er sei 1639 auf die Pfarr Haching gekommen und habe dort „nie ein Furch Agger ange-baut gefunden. Darumben weiß ich nichts zu schreiben als große Not, Armut auch Abgang an allen Sachen". Leider häuf-ten sich die Klagen gegen ihn: Er treibe sich in Wirtshäusern herum und mache Schulden. Seine Streitlust wurde ihm zum Verhängnis: Bauernburschen erschlugen ihn in Unterhaching.

---

[54]HH, S. 574
[55]Wenk, S. 112

Es wird berichtet, dass das Hachinger Tal nach dem Schwedeneinfall zehn Jahre lang vom Krieg verschont blieb, so dass einige Höfe wiederaufgebaut werden konnten.[56] Im Sommer 1646 standen dann aber schwedische und französische Truppen vor München, das inzwischen stark befestigt worden war. Nun entlud sich der Zorn der Angreifer auf die umliegenden Gemeinden.

1647 schöpfte man wieder Mut und der Bischof ordnete an, dass alle Pfarrer und Benefiziaten in ihre Pfarreien zurückkehren sollten. Im Sommer 1648 aber zogen wieder Soldatenhaufen durch unser Gebiet mit Rauben und Brennen, wie aus einem Bittbrief von Wolf Biburger aus Potzham hervorgeht: „Wasgestalten wür vorher [schon] ganz ausgesaigerte Untertonnen diesen durchgehenten Sommer schier bis auf dato wegen der hin und wiedermarchierenden Feindts und Freundsvölker von Haus und Hof haben miesen ab sein, dass uns die Heiser zertrimmert, aller Hausrath gewaltetig hinweckgenommen und das liebselige Getraidt, kein Körnl kann zum Winter ausgesät werden."

Die Taufkirchner Bauern baten im Folgejahr gemeinsam um Erlass der Steuern mit der Begründung: „In Bedenkhung, dass wir nit allein von den Kayserischen und Churbayerischen Pagagi, welche den 8. Mai unverhofft yber die Iser gangen, yberfallen

---

56Mitteilung des Heimatpflegers Peter Seebauer (1945-2018)

und aufs äusserist geblindert worden, sonder auch umb alles da-
sienige, was wür sethero auß den Veldtern an Getraidt, Heuet
und andern widerumb zu Haus gebracht, khomen sein, also daß
wür kaum die Lebensmittl haben."

Es dauerte mehrere Jahrzehnte, bis sich das Land von den Schä-
den und Verlusten des Krieges erholt hatte.

Von 1652 bis 1667 stritten die Dörfer Taufkirchen, Potzham,
Bergham und Winning um Scharwerksleistungen mit der SJ;
der Nachfolger Maximilians, Kurfürst Ferdinand Maria, entschied endlich, dass die Bauern jährlich 6 Klafter Holz aus dem
Gumpolzhauser Wald nach München fahren müssen. Ebenso
entschied der Landesherr, dass das Kolleg Prälaten- oder Rittersteuer zahlen muss, und sich nicht auf ein gegenteiliges Pri-
vileg von Herzog Wilhelm berufen kann.[57]

1674 verklagte die Gesellschaft Jesu das Hofkastenamt, weil im
Pirkach, einem Flurstück des Grünwalder Forstes, das zur Hof-
mark gehörte, vom Forstamt 500 Eichen gefällt worden waren.
Es handelte sich bei der Fläche wohl um den „strittigen Zipfel",
der in der Karte des Forstes aus dem Jahr 1784[58] markiert ist.
Der Streit dauerte über 100 Jahre und beschäftigte 1806 noch

---

[57]Wenk, S. 113, 114
[58]HStA, Plansammlung, Plan des „Churfürstlichen Grünwalder
Forstes" (1784)

den Malteserorden als Nachfolger der Jesuiten. 1808 wurde dieser Orden jedoch aufgelöst und der Streit blieb unentschieden.

Johann Wenk schreibt, dass das Benefizium in Taufkirchen wiederholt unbesetzt blieb, weil die Pfarrer von Oberhaching die Vergütung sparen wollten. 1671 sind die Pfarrkinder mit der Gottesdienstordnung unzufrieden und klagen gegen ihren Pfarrer beim Geistlichen Gericht in Freising. Der Bischof Albrecht Sigmundt (res. 1652-1685) entschied: der Benefiziat in Taufkirchen soll an zwei Tagen die Osterbeichte abnehmen, der Benefiziat in Unterhaching auch an zwei Tagen dazu an einem Tag in Grünwald. Die beiden Frühmesser sollen Seelgerät- und Totenmessen lesen, wie es jetzt in der Kurfürstlichen Polizeiordnung vorgesehen ist. Auch sind sie verpflichtet (gegen Gebühr) die Christenlehre und die Antlassmesse an Gründonnerstag oder Fronleichnam zu halten.[59] Diese Messe versprach einmal jährlich kirchliche Sündenvergebung, wenn der Sünder zuvor seine Verfehlungen öffentlich bekannt hatte.

1701 wird die „Dorfschaft Pozheimb (vom Amtmann der Jesuiten) visitiert".[60] Wörtlich heißt es: „Bann- und Feldzaunbeschreibung der Dorfschaft Pozhamb" und der Bericht beginnt: „Die Dorfschaft Pozhamb, so vernommen und visitiert worden

---

[59]Wenk, S. 47
[60]HH, S. 727

aus Anbruchs der gnäd. Hofmarks Herrschaft[61] des löbl. Collegij S. J. in München im Beisein Caspar Huebers und Hans Kerndls beide [Dorf-] Führer, dann Wilhelmb Niderreither und Thomas Adam, alle zu Pozhaimb, den 18ten Juli ano 1701."

Es findet also eine Begehung der Zaunanlagen statt. Zweck ist es, den Zustand des Außenzauns des Dorfes festzustellen und die Zuständigkeiten der einzelnen Bauern für die Instandsetzung der Zaunabschnitte und der Tore (meist „Falltore", die sich durch ein Steingewicht selbsttätig schlossen) in Erinnerung zu bringen.

---

[61]Der „Anbruch" der Herrschaft der SJ lag aber schon mehr als hundert Jahre zurück!

Falltor

Die Delegation beginnt bei den Feldern westlich des Baches. Dann geht man zur Dorfmitte von Potzham und von da nach Süden bis zum Waldrand, dann an diesem entlang nach Osten. Die Teillängen in der Maßeinheit Schuh werden ermittelt. Die geradlinigen Zaunstrecken Nord-Süd und West-Ost mit den Toren lassen sich auf dem Katasterplan von 1809 gut nachvollziehen; ob die fehlenden Strecken zur Umrundung des Ortes im

Osten später begutachtet wurden oder als zu Bergham gehörig im dortigen Zusammenhang erfasst wurden, ist unklar.

Jesuitischer Grenzstein (im Museum Wolfschneiderhof)

1702 verurteilt der Richter in Ebersberg den Caspar Öttl aus Winning wegen vorehelichem Sex zu drei Tagen Haft. Danach darf er jedoch seine Magdalena Kerndl aus Potzham heiraten.[62]

---

[62]HH, S. 405

Die Jesuiten beschwerten sich im Jahr 1703 über den Pflegeverwalter des Landgerichts Wolfratshausen, da dieser zur Abschreckung innerhalb der Hofmark das Viertel eines Hingerich-
teten an einem provisorischen „Schnellgalgen" habe aufhängen
lassen. Der Pflegeverwalter gab an, dies sei geschehen auf Be-
fehl des Hofrates in München und nicht innerhalb der Hofmark,
sondern im Bereich der Außengrenze an der Tirolerstraße (Tegernseer Landstraße). [63] Als nach dem 30jährigen Krieg das
Räuberunwesen zur Landplage wurde, verfügte Kurfürst Maximilian, dass das Rädern als Strafe wiederbelebt wurde. „Je nach
Schwere des Verbrechens sollten die toten Körper [nach der
Enthauptung] zur Abschreckung entweder auf das Rad gelegt
oder >die Leiber in Viertl verthailt und an den Straßen öffentlich aufgehengt< werden."[64]

Der Zacherlbauer in Winning kann 1705 seine Pacht nicht bezahlen. Vor dem Hofmarksrichter erläutert er sein Missgeschick:
Er habe wegen der „damahls gefehrlichen Zeiten unter einem
[Baum-]Stock" sein gesamtes Geldvermögen vergraben und
der Bauernsohn Baltasar Gamperl habe es „hinweggenommen".
Vor dem Gericht zeigt er sich aufsässig und wird daher „2 Stun-
den mit Hand und Füssen in den Stock geschlagen und muss

---

[63]Wenk, S. 117
[64]Reinhard Heydenreuter, Kriminalgeschichte Bayerns, Pustet Verlag,
    Regensburg 2003, S. 217

wegen seines gotteslästerlichen Fluchens 3 Tag lang mit Wasser und Prodt im Amtshaus" in Taufkirchen büßen.[65]

1725 ermahnt das Bischofsamt in Freising die Taufkirchner Pfarrkinder, die Gottesdienste fleißig zu besuchen, aber das Messopfer nur wieder mit dem Pfarrer und nicht mit dem Benefiziaten zu feiern. Pfarrer Franz Köglsperger (res. 1746-1757) beschwert sich jedoch im Jahr 1749, dass der Frühmesser unberechtigt gesungene Ämter zelebriert, in der Frühmesse das Evangelium gelesen und für Verstorbene gebetet habe.[66]

Im Jahr 1725 verklagte Pfarrer Andreas Moser den Benefiziaten, weil dieser unter Assistenz des jesuitischen Amtmanns den Zehent von Brachfeldern des Wirtes, des Häcklbauern von Pötting und des Schredlbauern, an sich genommen habe und gegen die Knechte des Pfarrers handgreiflich geworden sei. Der Bischof entscheidet nach Jahren des Streites zugunsten des Pfarrers. Im gleichen Jahr bestraft der Hofmarksrichter den Jakob Wollmuth zur Zahlung von einem Gulden, da er mit drei Burschen am Weihnachtsabend „blutig gerauft" hat.

1741-1745 führten die Herrscher von Bayern und Österreich Krieg gegeneinander. Österreichische Truppen besetzten zweimal unser Gebiet; insbesondere die mit ihnen verbündeten

---

[65]HH, S. 583
[66]Wenk, S. 53

Panduren und Kroaten sollen in den Dörfern schrecklich gewütet haben.

Die Kirche und die „Gmain" von Oberhaching mussten Sonderabgaben an den Staat bezahlen, sodass sie ihre Zahlungen an das Stift St. Andreas in Freising schuldig blieben. Bauern in Potzham und Westerham konnten ihre Verpflichtungen gegenüber dem Kloster Tegernsee nicht erfüllen.

Zurück zur SJ und Taufkirchen: Für das Jahr 1765 hat sich die „Kürchen Rechnung des würdigen Gotts-Hauß und Filial-Kirchen St. Johannis Baptistae et Evangelistae in Taufkirchen" erhalten (Beträge in Gulden, gerundet):

Einnahmen aus Stift und Gilt (Pacht)	26
Zinsen aus Türkenkriegsdarlehen	2
Zinsen aus Darlehen der Untertanen	29
Zinsen aus Kapitalien für Jahrtage	10
Gottesdienstkollekten	32
Gebühren bei Hochzeiten und Beerdigungen	3
Summe der Einnahmen (ein Posten von 28 fl fehlt.)	130
Ausgaben	
Priester[67] und Helfer	4
Richter und Amtmann	1
„Jahrtäg & Stüfftungen"	12

[67]Seine Lebensmittel musste der Benefiziaten selbst erzeugen. Er erhielt darüber hinaus nur wenig „Gehalt".

Kerzen, Weihrauch, Öl	48
heiliges Grab	1
Summe der Ausgaben (ein Posten von 10 fl fehlt.)	76
Überschuss („Resto")	54

Die Jesuiten haben offenbar gut gewirtschaftet – was man ihnen ja gelegentlich zum Vorwurf machte.

Pfarrer Karl Hobmair (1911-2003) verfasste das, 1979 im Selbstverlag des Katholischen Pfarramtes Oberhaching publizierte, Hachinger Heimatbuch (HH). Es ist bis heute das Standartwerk zur Heimatgeschichte im Hachinger Tal. Zum Umbruch zu Beginn des 19. Jahrhunderts meinte er: Ein neues Denken und Forschen war angebrochen. Philosophie, Mathematik und Naturwissenschaften gingen neue Wege. Strömungen brachen durch, die teils mit, teils gegen die Kirche verliefen. Man wollte intensiv unterrichten, aufklären. Die bayerische Aufklärung war nicht kirchenfeindlich. Man war bereit, das eine oder andere barocker Religiosität zu beseitigen. In diese Richtung tendierte der am 1. Mai 1776 von Adam Weishaupt gegründete geheime Illuminatenorden, der in ganz Deutschland Verbreitung fand.

Auch der in Oberhaching amtierende Pfarrer Joseph Socher (1755-1834) trat dem neuen Bund unter dem Decknamen Hermes bei. 1784 schritt Kurfürst Karl Theodor (reg. 1777-1799) dann aber gegen die Aufklärer ein und verbot alle Geheimbünde. Eine Flut von Verordnungen ergoss sich über das Volk. Ein Erlass des Kurfürsten Max III. Joseph (reg. 1745-1777) von 1772 verfügte die Abschaffung von 20 Feiertagen. (Max Joseph versuchte auch schon die erdrückende Wirtschaftsmacht der Klöster - allein in München gab es 19 Ordenshäuser – und den zu großen Einfluss der Gesellschaft Jesu zu brechen und die Macht des Staates zu stärken.)

Die Menschen waren aufgebracht. Die Feiertage bedeuteten ja Urlaub für den Knecht und den Handwerksgesellen. Zahlreiche religiöse Bräuche wie der Palmesel, das Heilige Grab, Passions- und Weihnachtsspiele, Felderumritte, Bittgänge usw. wurden verboten. Man stellte fest, dass der Antiklerikalismus Mode geworden war.

Pfarrer Michael Schuder (res. 1827-1832) bekam später vom Landgericht München wegen eines Bittgangs von Oberhaching nach Unterhaching einen strengen Verweis. Der o. g. Joseph Socher lehrte 1800-1805 an der nach Landshut verlegten Landesuniversität, gehörte als lebhaftes Mitglied 1819-1831 dem bayerischen Landtag an und verfasste zahlreiche religiös-praktische Schriften. Er schrieb scharf gegen die Klöster, die seiner

Meinung nach in gemeinnützige Anstalten verwandelt werden sollten.

Vor der Säkularisation lag das Schulwesen noch im Argen. Socher meinte: „Die Lehrer gehören zu der ersten [der untersten] Volksklasse, seien der Not und der Verachtung ausgesetzt, großenteils selbst unwissend, bedürftiger Unterricht zu erhalten, als fähig ihn zu erteilen."

Der Großteil der bäuerlichen Bevölkerung war des Lesens und Schreibens unkundig. Die kurfürstliche bayerische Regierung führte dann 1802 die allgemeine Schulpflicht ein (das protestantische Preußen schon 1717). Die Regierung beschloss aber erst 1809 die Einrichtung von „Schullehrerseminarien". Das Verständnis der Bevölkerung für die Bildung – und damit die Einhaltung der Schulpflicht - war gering; die Bauern ließen ihre Kinder viel lieber in Stall und Feld mithelfen.

August Koch berichtete anhand eines Beispiels aus dem Religionsunterricht über die Schulverhältnisse zum Ende des 19. Jahrhunderts: „1879 kam der neue Pfarrer Hochw. Herr Göttfried einmal die Schule in Taufkirchen zu inspizieren … Er forschte nun, wie weit wir mit dem Firmungsunterricht waren … Keiner von uns war imstande, eine an uns gestellte Frage beantworten zu können."

In der Mitte des 18. Jahrhunderts nahm die Kritik an der Gesellschaft Jesu zu, der man eine rückwärtsgewandte Haltung vorwarf und die man mit beißender Polemik überzog.

In Spanien, Portugal, Frankreich, Parma, Österreich und im Königreich Neapel bekämpfte man die SJ als Staat im Staate. Nach heftigen Kämpfen in der Kurie hob Papst Clemens XIV. (res. 1769-1774) im Jahr 1773 den Orden auf. Sein Nachfolger Pius VII. ließ aber 1814 die Gesellschaft Jesu wieder zu.

Taufe Christi im Jordan

Taufkirchen unter den Maltesern

Wie gesagt, wurde 1773 die Gesellschaft Jesu vom Papst auf-gelöst. Damit fiel Taufkirchen an den Landesherrn zurück. Pfar-rer Johann Wenk berichtet: Nach Auflassung des Jesuitenordens wurde die „Hofmarch Taufkirchen" einstweilen von einem staatlichen Administrator als Stiftungsgut verwaltet bis sie dem Malteser-Johanniter-Priorat Bayern übereignet wurde. 1780 ba-ten die Untertanen der Hofmark Taufkirchen wiederholt beim Kurfürsten - er hatte nach dem Ausfall des Jesuitenordens jetzt

Malteserkreuz

zusammen mit dem Pfarrer von Oberhaching das Vorschlagsrecht - um einen Benefiziaten, nachdem der letzte, Johann
Goldhofer, vor drei Jahren gestorben war. Man hatte keinen Kooperator ernannt, angeblich, weil das Benefiziatenhaus baufällig sei. In Wirklichkeit, so hieß es, könne das Haus noch gut 100
Jahre bestehen. Nur die „tacherei" [das Dachwerk] sei schadhaft. Der Administrator vermutet gegenüber der Churfürst-

heutiger Großmeister der Malteser Fra Giacomo Dalla Torre

lichen Regierung: „Man sieht für überflüssig an, dass diesen streitsüchtigen Unterthanen weiters Gehör geschenkt wird."[68] Tatsächlich geschah wenig, sodass 1810 noch immer Mängel bestanden (s. unten).

Das Benefizium wurde aber am 6. Juni 1781 „durch Aufstellung des Kooperators Johann Georg Niedermair" besetzt, nachdem der Aushelfer, Ökonomie-Administrator Exjesuit Maul anderswo eine widerrufliche Commende und Investitur erhalten hatte.

Im gleichen Jahr heißt es: Am 7. September 1781 wurde der Administration vom Pflegegericht Wolfratshausen mitgeteilt, „dass die Wirthe der Hofmarch wegen unerlaubtem Freitanz und Setzung von Gästen an abgetanen Feyertägen durch verfängliche Bestrafung zum schuldigen Gehorsam zu bringen seien".[69]

Nach mehrjährigen Verhandlungen mit der Ordensleitung auf Malta stiftete Kurfürst Karl Theodor (1724-99), der 1778 von Mannheim nach München übersiedelt war, im Jahr 1781 einen neuen Zweig (Zunge) des Johanniter-Malteser-Ordens. Über den Kurfürsten wird kolportiert: „Eine über das Normalmaß

---

[68]Wenk, S. 119 u. S. 120
[69]Wenk, o. g. O.

hinausgehende Mätressenwirtschaft bescherte ihm viele illegitime Kinder.

Er trachtete sie mit ungeschicktem Eifer unterzubringen, wozu unter anderem die Gründung des bayerischen Zweigs des Malteserordens dienen musste."[70]

Mit vollem Namen nennt sich die Kongregation: „Souveräner Ritter- und Hospitalorden vom heiligen Johannes von Jerusalem von Rhodos und Malta". Es gab bisher acht Zungen z. B. für die Provence, England und Deutschland. Sie hatten ein oder mehrere Großpriorate mit dem Großprior und dem Provinzkapitel an der Spitze. Die Priorate bestanden aus Commenden (Komturen, Bezirken), deren Oberhäupter Commenthure oder Kompture genannt wurden. Mehrere Commenden konnten zusammen eine „Ballei" bilden.

Die bayerische Zunge erhielt den ganzen bisherigen Besitz der SJ zugeteilt. Ihre Hauptkirche wurde wieder St. Michael in München. Karl Theodor setzte seinen Sohn Karl August, den späteren Fürsten von Bretzenheim (1768-1823), dreizehnjährig als Großprior ein.

Die Mutter von Karl August war die Schauspielerin Josepha Seyffert (1748-71).[71] „Der illegitime Fürstensohn … erhielt die

---

[70]Friedrich Prinz, Die Geschichte Bayerns, Verlag Piper München Zürich 1997, S. 257

[71]Wikipedia: Karl August von Bretzenheim

Commende von München und Ebersberg mit einem Einkommen von 25.000 fl (Gulden) und dem Dispens vom Gelübde der Keuschheit."[72]

Die Commende bestand aus dem bisherigen jesuitischen Zentrum in München, das dort die Michaelskirche, das Gymnasium und das Kolleg umfasste, und der Residenz Ebersberg. Dort beschädigte 1781 ein Großbrand die Klostergebäude. Das Gewölbe der Sebastianskirche stürzte ein.

Die Malteser nahmen das Kloster im Folgejahr in Besitz und ließen das Kirchenschiff wiederherstellen. Der vielbeschäftigte Münchner Maler Franz Seraph Kirzinger (1728-1811) schuf dafür zwei Deckenfresken. Eines zeigt Ordensbrüder bei der Krankenbetreuung.[73] Das zweite hat die Taufe Jesu durch den Täufer zum Gegenstand. Es handelt sich hierbei um zwei der wenigen Kunstwerke aus der kurzen Periode der Malteser.

Außer der Pfründe zur Versorgung seines Sohnes richtete der Kurfürst 1782/83 vierundzwanzig einzelne Ritter-Commenden für bevorzugte Adelssöhne ein, außerdem in Neuburg eine „Großballei". Aus dem Jahr 1783 stammt ein erster Tätigkeits-

---

[72]Oberbay. Archiv für vaterländische Geschichte, Vierter Band, München 1843, S. 68

[73]Bernhard Schäfer, Kloster Ebersberg, Verlag Lutz Garnies, Haar 2002, S. 47

nachweis des Ordens in Taufkirchen: Der Richter des Malteserordens kam in der Kutsche zur Abnahme der Kirchenrechnung und erhielt für seine Auslagen 3 Gulden 36 Kreuzer.[74]

Im Stammsitz Malta bekämpften die Ordensritter die Piraten und organisierten exklusiv das Krankenhauswesen. Die hiesige Zunge des Ordens überwies jährlich den bescheidenen Beitrag von 5.000 Gulden auf die Insel. In Bayern ging es dem Orden eigentlich nur um die Versorgung der Adelssprosse. Aufgaben in kirchlichen Angelegenheiten und im Unterrichtswesen wurden nur übernommen, sofern sie zuvor auch von den Jesuiten erledigt worden waren. Im Bereich der Krankenpflege war man nicht tätig.[75] Es heißt: „Am 22. Oktober 1784 wurde Graf Joseph von Tauffkirchen durch Bestätigung des Ordensrats Anwärter als Komtur von Taufkirchen.

Tauffkirchens Jugend verbat eine direkte Übernahme der Komturei[76]. Graf Joseph von Tauffkirchens offizielle Ernennung zum Komtur von Taufkirchen erfolgte durch den Ordensrat am 16. Mai 1791. Das Gros der Besitzungen der Komturei lagen (sic) auf dem Territorium der ehemaligen geschlossenen, zuvor

---

[74]Wenk, S. 79

[75]Freundliche Mitt. von Dr. Gerhard Immler vom HStA in München

[76]Anscheinend existierte ein hohes Mindestalter. Der Graf starb 1805; wenn man schätzt, er sei 65 Jahre alt geworden, wäre er 1784 vierundvierzig Jahre alt gewesen. Wenk berichtet Graf Joseph habe1770 die Ämter des Domdekans und des Probstes von St. Andreas in Freising inne gehabt.

zum Jesuitenkolleg München gehörenden, Hofmark Taufkirchen ... Die Gesamteinnahmen der Komturei werden mit 5.000 Gulden angegeben." Davon musste eine Abgabe von 5 %, also 250 Gulden, an das Schatzamt des Ordens auf der Insel Malta entrichtet werden.[77]

Aus dem Jahr 1789 wird aber schon berichtet: „Josef von Taufkirchen stellt in seiner Johanniterkommende einen Mann [als Schullehrer] an, den er brieflich dem Pfarrer [von Oberhaching] zur Prüfung und Aufsicht anempfiehlt.[78]

Zur Geschichte der Familie heißt es: Das Geschlecht der Grafen von Taufkirchen stamme aus Verona und hätte dort den Namen Bonaventura getragen. Christoph Tauffkircher sei im Jahr 1500 Herr in Klebing (bei Rattenkirchen/Kreis Mühldorf) gewesen. Von seinen Enkeln seien drei Zweige ausgegangen: Die Linien zu Engelburg (Tittling/Bayerwald), zu Katzenberg (Kirchdorf/Inn/ Oberösterreich) und zu Ybm (bei Braunau am Inn). Im 19. Jahrhundert hätte sich die Linie Engelburg nochmals in zwei Zweige geteilt.[79]

„Um 1285 ließ Herzog Heinrich XIII. durch seinen Ministerialen Heinrich von Taufkirchen hoch über dem rechten Innufer

[77]Thomas Freller, Zeitschrift für Bay. Landesgeschichte, Band 76, Heft 2 (2013) S. 429-490
[78]Wenk, S. 139
[79]Neues allgemeines Deutsches Adels-Lexicon, Bd. IX, Leipzig 1930

auf einem kleinen Bergsporn [bei Kraiburg, nahe Mühldorf] die Burg Guttenburg errichten …

Bis 1824 gehörte sie den Tauffkirchnern, die 1639 in den Reichsfreiherrenstand und 1684 in den Reichsgrafenstand erhoben wurden ...“[80] 1824 verkauften die Taufkirchner Schloss Guttenburg. Sie zogen nach München. 1725 hatte schon der kurfürstliche Kämmerer Johann Joseph Graf von Taufkirchen zu Guttenburg (1675-1737) ein Haus am Promenadenplatz 10 erworben und umgebaut. 1752 erbte der Vater des Komtur Joseph das Haus: General-Major und Leutnant der Garde Hartschier Carl Joseph Georg Graf von Taufkirchen (1717-1769).

Der zölibatär lebende Komtur Joseph von Taufkirchen starb 1805. Er hatte im Jahr zuvor ein umfangreiches Testament verfasst.

Generalerbin wurde seine Mutter Maria Alexandrina geborene Gräfin von Arco[81], „Testaments-Executor" sein Ordens-Bruder Guido von Taufkirchen, der aus einer der anderen Linien der Familie stammte.

Josephs Gesamtvermögen wurde mit 21.464 Gulden festgestellt.[82] Sein Bruder Maximilian erhielt zum Andenken eine goldene Tabatiere, dessen Sohn 500 Gulden in Wertpapierform.

---

[80]Wikipedia, Schloss Guttenburg
[81]HStA, Adelsmatrikel Grafen T 5a
[82]HStA, Personenselekt, Geistliche Provenienzen/diverse Geistliche, Johanniter, Karton 441, Fasz. 5 Taufkirchen

Seinem Bedienten Johann Kenill vermachte er seine Garderobe und 1.000, seiner Haushälterin 200, der Köchin 100 Gulden. (Zum Vergleich: ein General erhielt einen Jahressold von 670 Gulden.) Auch bedachte er das Krankenhaus der Elisabethianerinnen. Und wörtlich: „Meinen bißherigen Unterthannen der Kommende Taufkirchen erlasse ich alle mir schuldigen Ausstände".

1799 verstarb der Kurfürst Karl Theodor. Als Nachfolger kam Max Josef IV. (1756-1825) aus der Pfalz nach München. Maximilian löste den Malteserorden bereits im Jahr seiner Inthronisation auf. Es heißt: „Selbst im bayerischen Klerus … waren [die Malteser] in der Person ihres Großpriors als Produkt der Mätressenwirtschaft des Landesherrn mit einem moralischen Makel behaftet. - Die Stiftung der Malteser hatte zur Unbeliebtheit Karl Theodors in Bayern beigetragen."[83]

Nach energischer Aufforderung Russlands, das mit der Intervention einer Armeeeinheit drohte, die sich auf dem Rückmarsch aus der Schweiz befand, wurde der Orden jedoch noch im laufenden Jahr 1799 wieder gegründet und dabei umorganisiert. Der russische Zar Paul (1754-1801) war 1798 (auf etwas dubiose Art) Ordensgroßmeister geworden, weil Russland an

---

[83]Generaldirektion der bay. Archive, Ausstellungskatalog: Über Land und Meer, Vom Orden der Joh. und Malt. München 2018

Malta als Vorposten im Mittelmeer, ein strategisches Interesse hatte. Der Orden hatte Malta zu seinem Staat ausgebaut mit Festungen, Flotte und vorbildlichen Hospitälern.[84] Karl August von Bretzenheim wurde 1799 auf Druck Russlands aus dem Amt entfernt[85] und zog mit seiner Familie nach Wien. Es wurde jetzt „die Würde und Commende des Großpriors eine immerwährende Apanage für die nachgeborenen Prinzen des Kurhauses", des späteren Königshauses. Dieser Anordnung gemäß, ernannte man nun den vierjährigen Prinzen Karl Theodor (1795-1875, Bruder des spät. König Ludwig I.) zum Großprior. Joseph von Taufkirchen konnte bis zu seinem Tod 1805 seinen Besitzstand waren.

Da der Malteserorden unter dem Schutz des Zaren stand, entging er zunächst der Säkularisation. Im Zuge der beginnenden Konfrontation von Bayerns Schutzmacht Frankreich gegenüber Russland fiel dies Hemmnis weg und König Max hob - „nach dem vorausgegangenen Beispiele mehrerer Staaten" - den Orden im Jahr 1808 auf und zog dessen Besitzungen ein.[86] Im Jahr 1800 besetzen franz. Truppen München und besiegen bei Hohenlinden ein bayerisch-österreichisches Aufgebot.

---

[84]Malta wurde 1800 von Frankreich unter Napoleon besetzt und ging 1802 in britische Hände über.

[85]Thomas Freller, Die „Malteserkrise" […] in Zeitschrift für Bay. Landesgeschichte, Bd. 69,2, 2006

[86]Kö.-Baierisches Regierungsblatt, München den 21. September 1808

Danach verbündet sich die Regierung des Max Joseph mit dem übermächtigen Kaiser Napoleon Bonaparte (1769-1821). Im „Reichsdeputationshauptschluss" erhielt Bayern daraufhin zahlreiche zuvor autonome Gebiete zugesprochen – 1806 wird es Königreich.

1802/3 war von Kurfürst Max IV. Joseph und seinem „Superminister" Maximilian von Montgelas (1759-1838) die Säkularisation des Klosterbesitzes ins Werk gesetzt worden.

Im Zuge der grundlegenden Modernisierung des Staates, war die Herrschaft der zahlreichen Klöster ein nicht hinnehmbarer Fremdkörper. Nach Aufklärung und französischer Revolution war auch in Bayern eine Veränderung unabweisbar. Damals gab es zum Beispiel in Taufkirchen außer den Häusln der Tagelöhner keinen Privatbesitz an Grund und Boden.

In der Aufstellung von 1812, die Karl Hobmair ausgewertet hat[87], sind zu jenem Zeitpunkt in Taufkirchen noch 10 bis 12, in Potzham 6, in Winning 5, in Bergham 4 und in Westerham 3 Höfe in der Hand des Kameralamtes Ebersberg der Zentraladministration. Die Jesuiten hatten zwischen 1671 und 1773 in den genannten Ortsteilen zusammen 6 Höfe neu erworben, die dann den Maltesern zugutekamen.

---

[87]HH, S. 480 ff

Es besaßen:

Malteserorden:	35 Höfe
Kl. Tegernsee:	12 Höfe
Stift St. Veit/Freising:	3 Höfe
Klöster Diessen, Weihenstephan, Schäftl. Dietramszell je 2 Hf.	
Kl. Anger, Kl. Heiliggeist: je 1 Hof	
Kirche/Ben. Taufkirchen:	11 Höfe
Kirche Oberh., Unterh., Höhenki., Dingh., Steingau: je 1 Hof	
Gmain Taufkirchen:	2 Häusl
Eigen:	15 Häusl

Trotz etlicher unnötiger Härten und Fehlgriffe bei dem „Klostersturm" zieht der konservative Historiker Benno Hubensteiner das Fazit: „Es war … eine der geglücktesten Revolutionen von oben, die es in der Geschichte gibt."
Die Verwertung des Grundbesitzes der Hofmark wurde der neu gebildeten „Zentraladministration der ehemaligen Johanniter-Ordensgüter" übertragen. Die Gerichtsbarkeit ging an das bereits 1804 entstandene Landgericht München über. Damit war wohl auch das Ende der Hofmark Taufkirchen gekommen.[88]
Die Zentraladministration kümmerte sich noch um die Geldangelegenheiten der Pfarreien. So heißt es in einem Brief an den

[88]Mitteilung von Prof. Hermann Rumschöttel vom 20.5.2020

„Allerdurchlauchtigsten Großmächtigsten König": „In der Anlage überreiche ich: Joh: Ord: Großpriorats Hophmarchs Kirche zum St. Johann dem Täufer in Taufkirchen angefertigte Rechnung … Jänner bis letzten Sept. 1809 [mit einem Saldo von] 24 fl 79 3/8 Kr zu allerhöchster dero Central=Adm.= Kassa."[89]

Die Höfe in Taufkirchen waren, wie gesagt, an den Staat gefallen. Das Wittum, der Besitzstand des Benefiziums, war aber, wie das Vermögen der Ortskirche, unangetastet geblieben.[90] Nach dem Grundkataster von 1813 zählten 8 Höfe zum Benefizium, das auf eine Stiftung von 1426 zurückging. Die dort wirtschaftenden Bauern zahlten die jährliche Gült und lieferten als „Kucheldienst" insgesamt 550 Eier, 20 Hühner und 10 Gänse an den Ortsgeistlichen.[91]

Das Benefiziatenhaus Taufkirchens war in schlechtem Zustand. „Am 28. März 1810 schrieb Benefiziat Florian Haindl … an das kgl. Kameralamt Ebersberg, einige Baufälle [Schäden] seien so dringend, weil all sein Getreide und Futterstroh von einfallenden Regen verfaule und das Vieh im Stalle von den morschen Balken erschlagen werden könnte.

---

[89]HStA, MInn 10546

[90]Eine der Bestimmungen des Reichsdeputationshauptschluss vom 25.2.1803, Mitteilungen des Archivs des Erzbistums München und Freising (13.7.2020) u. HStA (23.7.2020)

[91]HH, S. 279

Wäre [der Administrator Geheimrat] von Schmid[92] ein Liebhaber von Geldausgeben gewesen, so würden aus oft kleinen Baufällen keine großen geworden sein. Seit 8-9 Jahren ist für das Haus gar nichts verwendet worden und gerade in dieser Zeit fielen 4 Laudemien [Zahlungen bei Hofübergängen] der Herrschaft zu. Er bittet, der Gerichtsdiener möge angewiesen werden, ihm [im Wald] alte, beständige Eichen für Säulen [Stützen] auszuzeigen."

Die Zentraladministration stellte fest, dass der Hofmarksherrschaft die Laudemien zustehen, verbunden mit der Pflicht, für Reparaturen aufzukommen.

1781-1799 hieß der Benefiziat Johann Georg Niedermayr. Er hatte beim Amtsantritt 200 Gulden bereitgestellt und sich verpflichtet, auf eigene Kosten für Ausbesserungen zu sorgen. Für 1803 wird berichtet, dass die Ortskirche 50 Gulden „Leibgeld" eingenommen habe und damit auch für den Bauunterhalt zuständig sei.

Der 1810-1815 hier dienende, o. g. Kooperator Florian Haindl, fragte beim Amtsantritt speziell nach dem Verbleib der drei Jahre zurückliegenden Laudemiumszahlungen vom Kottmüller aus Pötting und vom Rieger aus Winning über zusammen 285 Gulden. Der Administrator Geheimrat von Schmid ermittelte,

---

[92]HH, S. 404. In der Liste der Richter heißt es: 1792 Juli 21. Anton Schmid der Malteserkomm. Taufki. und Möschenfeld Verwalter.

dass laut der Jahresrechnungen die Kirche St. Johannes d. T. die Gelder entgegengenommen habe. Die Bauschäden aber waren geblieben! August Koch beschreibt 1911 das Häuschen des Benefiziaten als „halbzerfallene, wurmstichige Hütte."[93]

Im März 1813 schreibt die „Centraladministration der ehemaligen Johanniter-Ordens-Commende zu Taufkirchen" an den Allerdurchlauchtigsten Großmächtigsten König Max I. Joseph: „Das vom ehemaligen Komenthur Grafen von Taufkirch in Loco Taufkirchen erbaute Schlößl eignet sich sowohl wegen seiner derzeitigen Zwecklosigkeit, als aus der Ursache, weil nur eine Hälfte ausgebaut und in Hinsicht seiner Erhaltung bedeutende Reparaturkosten unterworfen ist, ganz unter jene Objekte, welche Eure Koenigliche Majestaet gemäß Allerhöchsten Reskript vom 3e May 1811 zum Verkauf bestimmten ..." Es wird die Versteigerung vorgeschlagen. Die Antwort lautet: „Auf den Brief unserer Centraladministration … genehmigen Wir hiemit den Verkauf des ganz überflüssigen Schlösschens zu Taufkirchen zu der in der Versteigerung erlösten und den Schätzwert um 467 fl übersteigenden Meistgebot von 1450 fl." Offenbar hat Graf Joseph den im Schlossanger nördlich der Dorfwirtschaft gelegenen ehemalige Herrensitz (s. oben) für

---

[93] August Koch, Kulturbilder aus dem Hachinger Tale [...], München 1911, Reprint 1985

sich restauriert. Philipp Apian hatte das Gebäude 1585 als Arc (Schloss/Burg) bezeichnet, 1626 ist von einem nicht bewohnten, ruinösen Haus die Rede. Im Häuserverzeichnis des Katasters von 1812 lautet die Bezeichnung Gerichtsdienerwohnung.[94]

1813 Jahr verkaufte die Zentraladministration noch den Schlossanger (4 TW) und den Hofanger (9 ½ TW) zugunsten des Fiskus an den Münchner Bierbrauer Franz Xaver Zächerl um 1.775 Gulden.[95]

Am 19.2.1814 beendete die Behörde wohl ihre Arbeit, indem sie in einem feierlichen Akt die Michaelskirche an den Oberst-hofmeister des Königs übergab.[96]

Mit der Säkularisation Anfang des 19. Jahrhunderts ist der Malteser-Orden in ganz Deutschland faktisch untergegangen. Seit 1859 gab es aber wieder die Rheinisch-Westfälischen und 1867 die Schlesischen Malteserritter. 1865 entstand in Flensburg das erste Ordenskrankenhaus. 1993 bildeten die bestehenden Gemeinschaften die einheitliche Deutsche Assoziation des Ordens. Seine Aufgaben sieht er in der Bezeugung des Glaubens und der Hilfe für Bedürftige.

---

[94]HStA, MF 20950; HH S. 403, August Koch berichtete im Jahr 1911 dass „das Schloss des Hilprant" um 1800 abgebrochen worden sei.
[95]HH, S. 406
[96]Michael Hartig, Die oberbayerischen Stifte, Band II, Verlag vorm. G. J. Maunz, München 1935

Die Süddeutsche Zeitung schrieb am 2.7.2018: „Der Malteser-orden vereinigt Europas katholischen Hochadel und atmet noch den Geist höfischer Kultur. Die Mitglieder heißen Ritter und Damen, es gibt einen ersten Stand, der zölibatär lebt, einen zweiten, der ein Gehorsamsgelübde ablegt, einen dritten für einfache Ritter und Damen."

1953 gründete der Ritterorden den erfolgreichen Wohlfahrts-verband Malteser Hilfsdienst. Präsident der deutschen Sektion ist heute Erich Prinz von Lobkowicz, Eigentümer von Schloss und Brauerei Maxlrain bei Bad Aibling.

1952 wurde die Johanniter-Unfall-Hilfe als evangelischer Hilfsdienst gegründet. Er geht zurück auf die Malteser-Balley Brandenburg. Sie wechselte mit Kurfürst Joachim II von Bran-denburg 1538 die Konfession.

Das königliche „Generalkommissariat des Isarkreises" bat im Juli 1809, die neu gebildete „Zentraladministration der ehema-ligen Johanniter-Ordensgüter" ihm die betreffenden Akten-stücke zuzustellen, da nun der König allein das Recht der Prä-sentation des Benefiziaten in Taufkirchen inne habe, das zuvor der Orden und der Pfarrer (mit Zustimmung des Bischofs) aus-geübt hatte.

Das Jahr 1803 hatte nämlich neben der Säkularisation der Klö-ster auch die Verstaatlichung der Fürstbistümer (Mediatisierung) gebracht. Die Pfarrei Oberhaching mit ihren Filialen, die 1356 in direktem Besitz des Bischofs bzw. des Domkapitels (sogen. bischöfliche Eigenkirche) in Freising gewesen war, unterstand jetzt dem bayerischen Staat.

19. Jahrhundert

Der Beginn des 19. Jahrhunderts brachte u. A. mit der Säkularisation tiefgehende politische und gesellschaftliche Veränderungen, die oben bereits berichtet wurden, da sie bereits im Jahrhundert davor ihren Anfang genommen hatten.

Eine der Wandlungen wird hier noch berichtet. Pfarrer Hobmayr schrieb: „1799 kam Max Joseph als Kurfürst nach München. Seine Gattin Karoline [Prinzessin von Baden 1776-1841] war evangelisch-lutherisch. Sie bildete mit ihrem Hofstaat die erste evangelische Gemeinde in München. Bereits am 10.11.1800 erlässt der Kurfürst das Dekret, kraft dessen sich Nichtkatholiken in Bayern niederlassen können … Im Mai 1803 folgte dann die Deklaration, welche die gemischten Ehen zwischen Katholiken und Protestanten zuließ …"[97]

Ab 1807 werden in Perlach bedrängte Protestanten aus der Pfalz angesiedelt. Erst 1849 steht für sie und andere evangelische Hachinger die Kirche St. Paulus dort zur Verfügung. 1822 war ein evangelischer Landwirt der erste Protestant, der sich mit seiner Familie in Taufkirchen niederließ.

---

[97]HH, S. 651

Im Zuge der Säkularisation und die Mediatisierung zog der Landesherr das Recht an sich, die Bischöfe und alle Pfarrer auszuwählen, die dann kirchlicherseits nur bestätigt wurden. Beispielsweise „geruhte seine Königliche Majestät Max. I. dem Priester Georg Reichl (res. 1814-1815) die Pfarrei Oberhaching zu verleihen"

König Max. I. Joseph

Nach längeren Verhandlungen schlossen Papst VII. (res. 1800-1823) und König Max I. Joseph (1756-1825) im Jahr 1817 ein Konkordat. Darin wurde das Vorschlagsrecht des Königs bestätigt. Auch die evangelischen Bischöfe wählte er jetzt aus. Der katholische Landesherr war daher bis zur Revolution von 1918 sozusagen der oberste Bischof der Protestanten und der Chef der evangelischen Landeskirche.

Im Konkordat von 1817 sagte Bayern die Bezahlung der Bischöfe und der Domkapitulare zu, erlaubte die Wiederzulassung einiger Orden und verzichtete auf das Plazet bei religiösen Veröffentlichungen. Kirchliche Gerichte blieben weiterhin zuständig für geistliche und Ehe-Sachen.

Nachdem die Knaben- und Priesterausbildung in den Klöstern entfallen war, übernahmen jetzt die Bischöfe diese Aufgabe. Sie gründeten Seminare, in denen begabte katholische Knaben ab 10 Jahren in asketischer Strenge zu Priestern ausgebildet wurden, die dann regelrecht einen eigenen geschlossenen Stand bildeten. Auf die Bildung der Bevölkerung hatte dies praktisch keine Auswirkung.

In Oberhaching erklärte Pfarrer Schuder (res. 1827-1832) bei der Visitation im Jahr 1831, dass der religiöse Zustand der Großpfarrei ziemlich gut sei. Er klagte aber über die Trunksucht unter der Jugend und den Dienstboten, von denen nur wenige ohne „Buhlschaft" seien. Er machte dafür den schlechten Einfluss der nahen Hauptstadt verantwortlich.[98]

Unter dem Pontifikat von Papst Pius IX. (res. 1846-1878) erlebte die katholische Kirche eine Phase des Antimodernismus, die 1870 in der Verkündigung des Dogmas von der Unfehlbarkeit des Heiligen Stuhles bei lehramtlichen Entscheidungen gipfelte. Leo XIII. (res. 1878-1903), der Nachfolger von Papst Pius, erkannte die beklagenswerte Lage der Arbeiterschaft. In einer Enzyklika wandte er sich gegen Sozialisierungen, ermahnte aber die Arbeitgeber, die Werktätigen zu achten und gerecht zu bezahlen und den Staat, für soziale Verhältnisse zu sorgen.

Was den Bauernstand betrifft, so zog der Staat ab 1808 die Leistungen ein, die bisher Klöstern und Kirchen zugeflossen waren, wobei die Naturalleistungen in Geldzahlungen umgewandelt wurden.

„Die vollständige Aufhebung der grundherrlichen Lasten aber kam erst mit dem Jahr 1848."[99]

Die Landwirte konnten jetzt ihre Höfe durch „Ratenzahlungen" erwerben. Sie wurden freie Unternehmer – mit den entsprechenden Risiken.

---

[98]HH. S. 359
[99]Haus der Bayerischen Geschichte, Katalog zur Ausstellung Bauern in Bayern, Straubing 1992, S. 157

Papst Leo XIII.

Einige bewältigten diese, „Andere", so berichtet Karl Hobmair, „konnten mit ihrer neugewonnenen Freiheit nicht umgehen, machten uferlos Schulden, bis der Hof dem Geldgeber gehörte. So entstanden große Höfe ..."

August Koch schreibt, dass speziell in Bergham die Landwirt-schaft noch sehr altertümlich betrieben wurde und vielfach Armut herrschte.

Die erfolgreichen Bauern gründeten 1880 gemeinsam eine Kartoffelschnapsbrennerei, die bald sehr gute Renditen abwarf. Die Pfarrgemeinde konnte 1877 und 1880 für ihre Kirche drei neue Glocken, eine neue Orgel und eine neue Turmuhr anschaffen.

August Koch berichtet folgendes zum 23. August 1880: „An diesem Tag beging man das Namensfest des Königs Ludwig II und zugleich das 700-jährige Jubiläum des Wittelsbacher Herr-scherhauses. Alles musste sich zur Feier in der Oberhachinger Pfarrkirche einfinden.

Der Pfarrer Göttfried hätte da wenig Spaß verstanden, wenn man die Feier geschwänzt hätte."[100]

1866 hatten wieder eine Reihe immer schrecklicher werdender Kriege begonnen (deren Folge erst 1945 enden sollte), in denen die Staatenlenker meinten, so ihre Streitigkeiten lösen zu können und in die immer mehr Bewohner Taufkirchens verwickelt wurden.

---

[100] August Koch, (unveröffentlichte) Aufzeichnungen über alle Ortsteile von Taufkirchen

20. Jahrhundert

1909 wurde das jahrhundertealte Benefizium St. Johannes der Täufer in Taufkirchen zur Pfarrei erhoben.

Das katholische Pfarrhaus erbaut 1908

Ferdinand Buchwieser (res. 1909-1924) wurde der erste Pfarrherr. Er versah sein Amt mit großer Autorität und verlangte viel von den Pfarrangehörigen. In der Festschrift „90 Jahre Pfarrei

St. Johannes d. T. Taufkirchen" berichtet August Bader sen. gesprächsweise, von den Sonntagspflichten der Schulkinder: Um 9 Uhr war das Hochamt anschließend Sonntagsschule durch den Lehrer. Ab 14 Uhr begann die Rosenkranzandacht, danach schloss sich die Christenlehre an. Kinder, die etwas davon verpassten, wurden mit „Tatzen" bestraft.

Der Pfarrer war offenbar fest von der Richtigkeit des Weltkrieges aus deutscher Sicht überzeugt und warb erfolgreich bei den Bauern um Beteiligung an der Aktion „Geld gab ich für Eisen". Der Weltkrieg erbrachte aber nicht den erhofften glorreichen Sieg, sondern eine äußerst bittere Niederlage.

Vor 100 Jahren, am 7. November 1918, erzwangen kriegsmüde Soldaten und Arbeiter unter Führung des Sozialisten Kurt Eisner durch ihre Revolution gegen den Militär- und Obrigkeitsstaat die Beendigung des Mordens. Der König floh und Bayern wurde Freistaat. Der Umsturz erzwang wiederum eine Neuausrichtung des Verhältnisses Staat und Kirche. Die katholische Kirche konnte sich nach den Bestimmungen des 1924 geschlossenen Konkordats von der bisherigen staatlichen Bevormundung befreien und seine Angelegenheiten weitgehend souverän regeln.

Kriegerdenkmal erbaut 1910

Bayern garantierte die theologischen Fakultäten an den Universitäten, die konfessionelle Lehrerbildung und die entsprechenden Schulen. Das Konkordat, das die Kirche 1933 mit dem Hitlerstaat schloss, behielt alle diese Bestimmungen bei – und es gilt bis heute. Die Bischöfe mussten nun Bayern und dem Deutschen Reich feierlich Treue geloben.

Der Journalist Manfred Bialucha, Leiter der Pressestelle des Landratsamtes, veröffentlichte 1979 Dokumente aus dem Kreis München zur Zeit des Nationalsozialismus.[101] Zur Ausgangslage bringt Bialucha eine Statistik, der diese Zahlen für Taufkirchen aus 1933 entstammen: Einwohner 739, katholisch 705, evangelisch 27, israelitisch 0, sonstige 7.

Die Reichstagswahl im Jahr zuvor hatte kreisweit dieses Ergebnis gebracht: Bay. Volkspartei 25,4; NSDAP 25,2; KPD 18,6; SPD 18,5; Mittelst. Bd. 3,6%; auf 11 sonstige Parteien waren 3,0 % der Stimmen entfallen.

Beispielhaft wird von einer NSDAP-Veranstaltung in Feldkirchen (1262 EW) am 4.3.1933 berichtet: „Ab 7.00 Uhr zog die Ortsgruppe Feldkirchen und zwar 35 SA-Leute einschl. der Trommler und Pfeifer durch die Ortschaft Feldkirchen … Schulkinder waren mit kleinen Hackenkreuzfähnchen (sic) am Aufstellungsplatz bereitgestanden … Am Kriegerdenkmal

---

[101] Manfred Bialucha, Steiflichter in eine dunkle Zeit, LRA Mü. 1979

wurde ein Kranz niedergelegt und von Stadtrat Fiehler eine längere Ansprache gehalten." In einer Gastwirtschaft wurde eine Rede Hitlers aus Königsberg angehört. „Etwa um 9:45 Uhr erteilte der Versammlungsleiter dem erschienenen Redner das Wort … Die Kundgebung war eine ganz gewaltige, die Zuhörer betrugen annähernd 400 ..."

Die NSDAP hatte offenbar Erfolg mit ihrer Propaganda, speziell auch in Taufkirchen: Es erreichten bei der Reichstagswahl am 5.3.1933: NSDAP 55,8; BVP 21,6; SPD 11,6; KPD 2,5; Mittelst. Bd. 7,0 % der Stimmen.

Zum Vergleich: Die NS-Partei bekam in Unterhaching 48,6, in Oberhaching 44,4 und im Kreisdurchschnitt 41.0 % der Wählerstimmen.

Im Oktober 1933 berichtete die Gendarmeriestation Oberhaching ans Bezirksamt München, der Bürgermeister habe angezeigt, dass der katholische Jugendverein im Pfarrgarten Sport und danach eine Geländeübung durchgeführt habe, obwohl ihm das zuvor schriftlich verboten worden war. Am 10.3.1934 verkündete das Bezirksamt: „Den konfessionellen Jugendorganisationen und Verbänden wird jede Sport- und Geländesportbetätigung verboten. Zuwiderhandlungen werden mit Haft bis zu 6 Wochen oder mit Geldstrafe bis zu 150 Mk. bestraft."

Im August 1935 verschleppten vier angebliche Polizisten mit dem Taufkirchner NS-Ortsgruppenführer Hans Horn an der Spitze zwei Arbeiter aus Unterhaching in den Wald und misshandelten sie so schwer, dass sie einige Wochen lang im Krankenhaus behandelt werden mussten.

Im gleichen Jahr übernahm Pfarrer Max Weidenauer (res. 1935-1966) die hiesige Pfarrei. Unter dem Eindruck der zunehmenden staatlichen Bedrückung begann Weidenauer mit Novenenmissionen.[102] 1940 schrieb er: „Von heute ab dürfen wir nicht mehr in die Schule zum Religionsunterricht".

Im Folgejahr drohte das Innenministerium dem Pfarrer mit Verhaftung, wenn nicht die Kruzifixe aus den Schulräumen entfernt würden. Im Februar 1942 berichtete der Regierungspräsident nach oben: „Der Bauer Martin Riedmeier in Taufkirchen machte in einer Bauernversammlung Stimmung gegen die Sonderspende der Bauern zum Winterhilfswerk. Er meinte, man solle zuerst die Kreuze wieder in die Schulzimmer hängen …

Tatsächlich haben daraufhin mehrere Bauern die Zeichnung einer Spende unterlassen. Den Beteiligten wurde von der Staatspolizeileitstelle München Sicherheitsgelder in Höhe von 300-1500 RM auferlegt."

---

[102] Laut kathpedia sind Novenen Folgen von 9 Tagen mit je 3 Rosenkranzgebeten als Bitte und je 3 als Danksagung.

Die Kirche St. Georg

Im März 1946 sandte das Katholische Pfarramt Taufkirchen ein Schreiben nach München mit der Anrede: „Eure Eminenz! Darin heißt es: „Die Struktur der Pfarrei hat durch die Kriegs- und Nachkriegsverhältnisse eine große Veränderung zum Schlechteren gefunden. Seit Sept. 1944 sind zwei neuerrichtete

große Behelfsheime mit rund 35 Parteien Münchner Ausge-
bombter besetzt. Außerdem wohnen in allen nur irgendwie ver-
fügbaren Räumen zusammengedrängt alle möglichen Inwohner,
zum Teil bisherige Münchner, zum Teil Andersstämmige, welche die Zahl der Katholiken auf rund 1.150 und die der Nichtkatholiken auf rund 150 hinaufschraubten, sodass die Gesamt-
einwohnerzahl von 800 (1943) auf rund 1.300 stieg … Leider
sind unter den Neuzugezogenen sehr wenig praktizierende Katholiken … Der sittliche Zustand der Pfarrgemeinde hat Gott sei
Dank unter den neuen Verhältnissen meines Wissens nicht son-
derlich gelitten … Ihrer Osterpflicht sind hier 1944: 327, 1945:
346 nachgekommen … Es liefern nur mehr die alten eingeses-
senen Familien ihre Beichtzettel ab."
Zum Familienleben heißt es: „Zum Teil wird das Familiengebet
gepflegt, doch lassen manche Schulrekruten durch ihre absolute
Unkenntnis religiöser Praxis einen Blick tun in die Kälte der
Familien … So verlottert teilweise die Jugend, was die Eltern
aber nicht ihrer für Außenstehende unbegreiflichen Nachsicht
zuschreiben wollen, wie sie müssten, sondern noch dem 3.
Reich anhängen möchten … In der Schule ergeben sich seit
1945 noch mehr Schwierigkeiten. Durch die Amtsenthebung
der bisherigen Lehrkräfte kam in die Unterabteilung [die Schul-
klasse am Bach] eine protestantische Lehrkraft.

Die Oberabteilung [im Feuerwehrhaus] führt eine ältere buchenland-deutsche[103] Lehrerin, der die Kinder über den Kopf wachsen".

Die karikative Tätigkeit habe sich gleichsam automatisch entwickelt. „Für die durchreisenden Heimkehrer wurden eine Unmenge von Nachtlagern zur Verfügung gestellt, dazu mindestens 2000 ganztägige Speisungen." Unterzeichnet ist der Bericht mit: „In tiefster Ehrfurcht verharrt eurer Eminenz untertänigst gehorsamstes Pfarramt Taufkirchen b. München", Unterschrift: Max Weidenauer

Der Bericht über das Jahr 1946 enthält folgende Statistik:

Einwohner früher	800
bisherige Münchner	245
Flüchtlinge aus:	
Ostpreußen	15
Schlesien	133
Ostpolen	1
CSR	245
übrige Ausländer	21
Summe	1.460

---

[103] Buchenland = Bukowina im rumänisch-ukrainischen Grenzgebiet

„1877 hatte man unter großer finanzieller Anstrengung unter Voranschreiten von Bürgermeister Johann Gamperl und Kirchenpfleger Johann Sutner ein dreistimmiges neues Geläut angeschafft, da die Glocken aus dem 18. Jahrhundert schadhaft geworden waren. Eine große Glocke musste 1918 zu Kriegszwecken abgeliefert werden, konnte aber bald ersetzt werden. 1942 musste man wieder 2 Glocken abgeben; es blieb nur eine 3-Zentner-Glocke übrig. Durch die Opferbereitschaft der Pfarrangehörigen wurde es Pfarrer Weidenauer im März 1949 ermöglicht, drei neue Glocken zu kaufen und einen neuen eisernen Dachstuhl einbauen zu lassen".

Im Bericht für 1949 stellt der Ortspfarrer fest: „Das ganze Leben der Menschen erscheint wie ein Tanz auf dem Vulkan, noch unterstützt durch die vielen Gelegenheiten, welche von den Wirten, dem Flüchtlingsausschuss, der Arbeiterwohlfahrt, dem freien Burschenverein, einem einheimischen Männer- und einem Flüchtlingsgesangverein durch die Sonntagsunterhaltungen geboten werden." Drei Jahre später heißt die Klage: „Leider sind einige sogen. >Onkelschaften< zu beklagen, allerdings unter den Zugewanderten und hie und da hört man von Entgleisungen: >Ich bin fleischlich verkauft an die Sünde< (Röm. 7,14)."

Im Seelsorgebericht für das Jahr 1950 berichtet Pfarrer Weidenauer über die Ergebnisse der Landtagswahl.

Dabei wurden gewählt: SPD 39,7 %, Bayp.15,7 %, CSU 14,3 %.

Im Bericht 1954 ist zu lesen: „Die Flüchtlinge … meist Fabrikbevölkerung, sind sie sozialistisch organisiert und in religiöser Gleichgültigkeit oder gar Negation aufgewachsen." Sodann wird kritisiert: „Aus Schnapsbrennerei und Waldbesitz fließen gute Einnahmen, die aber das Herz auch dieser bäuerlichen Pfarrkinder immer egoistischer machen und sie immer mehr ans Irdische klammern."

Im Bericht über die Jahre 1955-1957 steht: „Im großen und ganzen kann man sagen, dass das >deutsche Wunder< einen Niedergang in der Wertschätzung katholischen Lebens und übernatürlichen Strebens mit sich brachte."

Für 1961-1963 erschien wieder ein zusammenfassender Bericht von Pfarrer Weidenauer. Daraus ein Zitat: „Insgesamt sind 490 Vertriebene hier, dann viele aus allen möglichen Gegenden Westdeutschlands. Sie bilden den Großteil der 362 Auspendler, sind alle sozialistisch organisiert, religiös lau und kaum dem pfarrlichen Leben einzugliedern. Auch die einheimische Bevölkerung verfällt zusehends dem praktischen Materialismus, der aus den Quellen: Milcherzeugung, Alkoholbrennereien, Waldnutzung und seit neuestem aus dem Verkauf von Grundstücken zu horrenden Preisen genommen wird."

Anfangs der neunzehnhundertsiebziger Jahre herrschte schon einmal große Wohnungsnot. Taufkirchen ließ daher ein 100 Hektar großes Gebiet „am Wald" erschließen und richtete auch Bauflächen in Bergham und am Heimgarten her. In sieben Jahren erhöhte sich auf diese Weise die Einwohnerschaft um 12.000 Menschen. Die Zahl der Katholiken verdoppelte sich 1969-1987 von 1350 auf 2684.

1969 wählten diese den ersten Pfarrgemeinderat. Dieses Gremium war direkte Folge des 2. Vatikanischen Konzils 1962-1965. Papst Johannes XXIII. hatte diese Versammlung einberufen zur pastoralen und ökumenischen Erneuerung.

Zur Situation in Taufkirchen hieß es dann: "Die Tradition der Alteingesessenen und die Bedürfnisse der Zugezogenen unter einen Hut zu bringen, war für die Pfarrgemeinderäte nicht immer eine leichte Aufgabe." Im neuen Ortsteil „am Wald" errichtete man 1970 mit viel Freude und Zuversicht eine Behelfskirche und bis 1975 das Pfarrzentrum St. Georg.

Die evangelischen Christen erhielten 1981 ihre Jerusalemkirche.

Jerusalemkirche erbaut 1981

21. Jahrhundert

Helmut Fried war von 1994 bis 2019 Pfarrherr von St. Johannes. Er widmete sich intensiv seinen zahlreichen pastoralen Aufgaben, die nochmals wuchsen, als er wegen des Priestermangels ab 1.1.2013 auch die Leitung der Gemeinde St. Georg in dem neuerrichteten Pfarrverband übernahm. Trotzdem übernahm er – zuletzt als Dekan des Kreises München – auch überörtliche Aufgaben. Im Jahr 2001 wurde Helmut Fried daher von Kardinal Wetter zum Geistlichen Rat ernannt. In seine Amtszeit fällt u. A. die aufwändige Erneuerung des Dachstuhls und der Neubau von Pfarrheim und Kindergarten.

In jüngster Zeit treten die durch den menschengemachten Klimawandel erzeugten globalen Probleme immer deutlicher hervor. Papst Franziskus hat 2015 in seiner Enzyklika „Laudato si'", „Gelobt seist du" seine „Sorge für das gemeinsame Haus" formuliert.

Franziskus bezeichnet die aktuelle Lebensweise der Menschen als selbstmörderisch. Die Wissenschaft stelle fest, der größte Teil der Erderwärmung sei menschengemacht. Sie führe zu Artenschwund, Meeresspiegelanstieg, Trinkwassermangel und Wüstenbildung. Diese treffe besonders die Armen. Unser Wirtschaftssystem vergöttert den Markt und ignoriert die Folgen. Kohle und Erdöl müssen unverzüglich als Energieträger ersetzt werden. Der Lebensstil muss sich ändern. Wir brauchen dringend ein Bündnis Menschheit-Umwelt.

Zu St. Johannes in Alttaufkirchen zählte 2004 die Höchstzahl von 4.285 Gläubigen. Von da an nahm die Zahl jährlich ab. Viele Menschen sind mit den Kirchen in Deutschland unzufrieden. 1992 kehrten 193.000 Mitglieder der katholischen und 360.000 der evangelischen Kirche in Deutschland den Rücken. Danach beruhigte sich die Lage: 2006 traten lediglich 84.000 Katholiken und 120.000 Protestanten aus. Dann stiegen die Zahlen wieder an: in beiden Kirchen auf etwa 270.000 im Jahr 2019.

Nach einer im Mai 2019 veröffentlichten Vorausschau wird sich die Mitgliederzahl von katholischer und evangelischer Kirche in Deutschland von heute zusammen 44,8 Millionen auf 22,7 Millionen im Jahr 2060 halbieren.

Der Priestermangel führt im katholischen Bereich zu extremen Veränderungen. Der Stellenplan 2030 der Erzdiözese München und Freising sieht im Dekanat Ottobrunn lediglich noch 4 Priester und 5 Mitarbeiter vor, davon im Pfarrverband Taufkirchen noch eine halbe Priester- und eine halbe Mitarbeiterstelle.

Neuerdings setzt sich die Gruppe Maria 2.0 für starke inhaltliche Veränderungen in der katholischen Kirche ein.

Sie tut dies insbesondere, weil sie „mit dem Umgang der meisten Amtsinhaber mit den Tätern, den Mittätern und den Opfern" von Missbrauch entsetzt ist und weil „die Abschaffung bestehender männerbündischer Machstrukturen nicht in Sicht ist".

Lisa Kötter, Maria 2.0

Im Oktober 2019 übernahm Pfarrer Thomas Kratochvil die Leitung des Pfarrverbandes Taufkirchen. Er zeigte im Pfarrbrief Verständnis für Gläubige, die sich abwenden, „weil die Kirche sich allzu selbstherrlich zeigt und über weite Strecken hin unfähig ist, eigene Schuld zum Beispiel im Missbrauchsskandal wirklich aufzuarbeiten. Andere vermissen vielleicht dringend nötige Reformen, die Öffnung des Amtes für verheiratete Männer und auch eine Neubewertung der Rolle der Frauen in der Kirche".[104]

Im Jahr 2020 verbreitete sich auf der ganzen Welt ein neuartiger, agressiver Coronavirus. Bis Ende September starben im Zusammenhang mit der Coronapandemie in Deutschland 9.500 und weltweit 1.000.000 Menschen.

Viele Bereiche des öffentlichen Lebens kamen aufgrund staatlichen Schutzbestimmungen zeitweise zum Stillstand. Gottesdienste wurden verboten. Die ersten Infizierten meldete man im Landkreis München am 8. März, bis zum 5. April stiegen die Fallzahlen und gingen dann aufgrund der Schutzmaßnahmen kontinuierlich zurück, stiegen aber im Herbst wieder an.

Pfarrer Kratochvil schrieb im Pfarrbrief für Pfingsten: „In diesen Wochen zwingt uns die Coronakrise alle ins Warten: für viele eine ganz neue Erfahrung, herausgerissen aus dem, was über viele Jahre für uns „Normal" war ..." Der Pfarrer sieht die Möglichkeit, dass das Warten den Menschen helfen kann, eine neue Richtung einzuschlagen, „sich im Warten für die Nähe Gottes zu öffnen."

---

[104] Pfarrer Thomas Kratochvil, Pfarrverband Taufkirchen, Pfarrbrief Advent 2019, S. 19

Der Pfarrgemeinderatsvorsitzende Kurt Bortel glaubt: „Das Veränderung passieren wird, ist gewiss, dass sie schmerzvoll sein kann, steht außer Frage." Es käme dabei auf die einzelnen Menschen an, die gerade lernten, neue Erfahrungen zu machen, tief nachzudenken und zu reifen. „Denn Nichts wird mehr so sein, wie es vorher war!" Am 17. Mai fand dann in Taufkirchen wieder der erste Sonntagsgottesdienst als reiner Wortgottesdienst unter Maskenpflicht und mit Zweimeterabstand statt.

Pfarrvikar Ulrich Bensch zitierte an Pfingsten aus einer vorausschauenden Buchveröffentlichung[105]: „In dieser Zukunft stellen Christen nicht mehr die Mehrheit der Gesellschaft, doch sie werden wahrgenommen als interessante Gesprächspartner. Sie leben aus dem Evangelium und prägen durch ihre positive Einstellung zum Leben Gesellschaft, Kultur, Wirtschaft und Politik … Die Kirche der Zukunft strahlt aus, ist freundlich und dient den Menschen."

Nach Abflauen der Pandemie im Sommer stieg die Zahl der mit dem Coronavirus infizierten Menschen ab Oktober 2020 in Deutschland und vielen anderen Ländern wieder sehr stark an …

---

[105] Klaus Pfeffer, Christsein ist keine einfache Sache, Mit Dietrich Bonhoeffer auf dem Weg zu einer erneuerten Kirche, Verlag adson & fecit, Essen 2017

Literatur

Bay. Hauptstaatsarchiv, Katalog der Ausstellung Die Jesuiten in Bayern, München 1991

Johann Baptist Bauernreiß, Bayerische Kirchengeschichte, Bd. 1, München 1949

Manfred Bialucha, Streiflichter in eine dunkle Zeit, Landratsamt München 1979

Joel Carmichael, Leben und Tod des Jesus von Nazaret, Fischer Bücherei, Hamburg 1968

Peter A. Cramer, Das glückhafte Tal, Geschichte des Tegernseer Tales, Selbstverlag 1991

Rudolf Felzmann, Unterhaching, Ein Heimatbuch, Gemeinde Unterhaching 1988

Thomas Freller, ZfBL, Bd. 76, Heft 2, München 2013

Roland Götz, Tegernsee St. Quirinus, Verlag Schnell & Steiner, Regensburg 2005

Dietrich Grund, Andreas Huber, Der Hachinger Bach, Books on Demand, Norderstedt 2014

Dietrich Grund, Andreas Huber, Hilprant und die Familie der Taufkircher, Books on Demand, Norderstedt 2015

Dietrich Grund, Kleine Chronik von Taufkirchen, Books on Demand, Norderstedt 2016

Haus der Bayerischen Geschichte, Katalog der Ausstellung Bauern in Bayern, Straubing 1992

Michael Hartig, Die oberbayerischen Stifte, Bd. II, Verlag vorm. G. J. Maunz, München 1935

Reinhard Heydenreuter, Kriminalgeschichte Bayerns, Pustet Verlag, Regensburg 2003

Benno Hubensteiner, Bayerische Geschichte, Süddeutscher Verlag, München 1977

Benno Hubensteiner, Vom Geist des Barock, Süddeutscher Verlag, München 1978

Gerald Huber, 12000 Jahre Weihnachten, Ursprünge eines Festes, Volk Verlag, München 2019

Oberbayerisches Archiv für vaterländische Geschichte, Vierter Bd. München 1843

Friedrich Prinz, Die Geschichte Bayerns, Verlag Pieper, München Zürich 1997

Bernhard Schäfer, Kloster Ebersberg, Lutz Garnies, Haar 2002

Nicola Schmid, St. Johannes der Täufer, Taufkirchen, Verlag Schnell & Steiner, Regensburg 1995

Johann Wenk, Geschichtliche Notizen über die Pfarrei Taufkirchen bei München, (als Handschrift überliefert) Hohenbrunn 1943

Bildnachweis

Andreas Huber, Mü.: S. 14, 17, 20, 60, 62, 63, 64, 91, 118

Bay. Hauptstaatsarchiv: Seiten 26, 31, 66

Prof. Gert Mader/ Landesamt für Denkmalpflege: Seite 57

Lisa Kötter, Münster: Seite 131

Wikipedia: Seiten 92, 93, 111, 114

Museum Glentleiten: Seite 83

***: Seite 84

Dietrich Grund, Taufkirchen: die übrigen Abbildungen